PRACTICAL
SPOKEN
SPANISH

F. M. KERCHEVILLE

Seventh Edition, Revised

UNIVERSITY OF NEW MEXICO PRESS

DEDICATION

This text is dedicated to all my present and former students of Spanish, especially those students who have studied with me in newspapers and on radio and television, most of whom I have never met personally.

F. M. Kercheville

Seventh Edition 1959
Twelfth printing, 1992

Manufactured in the United States of America.
ISBN 0-8263-0059-6.
Library of Congress Catalog Card No. 35-4432.

PREFACE

Seventh Edition, Revised

This text, PRACTICAL SPOKEN SPANISH, is the direct result of several years' experience in teaching Spanish in the classroom, in newspapers, over the radio, and on television. The author has long felt that there is a growing need and an insistent demand for a simple, easy, practical text in conversational Spanish, which would present only the very minimum essentials of grammar. Such a handbook of spoken Spanish should stress *pronunciation, vocabulary building,* and *usable idioms and sentences.* It is hoped that this brief text fills the need and answers the demand for effective aid in individual study, in the laboratory and in everyday life situations.

In writing PRACTICAL SPOKEN SPANISH the author has purposely departed from the usual procedure in such cases. This text illustrates the *natural* method of learning a language. The book is so planned that the first five lessons deal exclusively with sounds and pronunciation. They stress particularly the differences between the pronunciation of Spanish and that of English. The next ten lessons deal entirely with vocabulary building (words and phrases), simple reading, and conversation. The material of this section deals largely with our neighbor republic to the south, Mexico. The formal treatment of the minimum essentials of grammar is left for the next ten lessons of the book, in a section dealing largely with Central and South America.

The reading material in the last twenty-five lessons is based on our own American Southwest.

In this way it is hoped that those using the text will first acquire a knowledge of pronunciation, after which they are given a chance to build a workable vocabulary from easy reading material and brief questions and answers. Then, and not until then, the students are introduced to a formal presentation of the most necessary fundamentals of Spanish grammar. The chief object of the text is, therefore, to stimulate interest in the Spanish language, and to allow that interest to carry the students through to a more thorough working knowledge of the language. This, it is believed, is a marked departure from the plan of most Spanish texts, which go almost immediately into a formal presentation of grammar. PRACTICAL SPOKEN SPANISH should prove of value in individual study, in the classroom and language laboratory, in newspaper courses, and in radio and television Spanish lessons.

In the preparation of this text the author wishes to acknowledge his thanks to the Allyn and Bacon Publishing Company and to Professor Philip Warner Harry for permission to use certain material found in *Anécdotas Españolas*.

F. M. KERCHEVILLE

Kingsville, Texas

INTRODUCTION

The study of Spanish is rapidly gaining favor in the movement for a genuine spirit of Pan-Americanism based upon a sincere desire for a better understanding between English-speaking and Spanish-speaking America. Since language is the vehicle for the expression of a people's thoughts, hopes, and ideals, it is but natural that citizens of the United States should become more and more interested in the study of the language of Spanish America. This interest is manifest in recent books, magazines, newspaper articles, and in radio and television programs.

A *reading* knowledge of a language is very useful and profitable, but in these days when the Americas are being brought so close together by international highways and inter-American airways, a *speaking* knowledge of the Spanish language is absolutely essential. It will continue to become more and more essential. Much of the so-called prejudice toward the study of a foreign language should disappear when one considers that Spanish is not, and should not be, thought of as a foreign language anywhere in the Americas.

In order to acquire a practical speaking knowledge of Spanish, students must be drilled on pronunciation, on vocabulary building, and on simple questions and answers. They must also possess a knowledge of certain minimum essentials of grammar.

Students will note that the bi-lingual procedure is used throughout this text. Each word employed in all the sentences, and questions used for practice in reading and speaking, is given in both Spanish and English in a complete vocabulary preceding each lesson. This aids in vocabulary building and in the observance of similarities and differences in the two languages. This procedure also eliminates the necessity of placing a vocabulary of several pages at the end of the text. The student should, therefore, learn to *remember* each new word as it occurs in the book. The pages ordinarily used for a vocabulary are utilized in supplying for the students many very useful idiomatic expressions, which they should incorporate into their working knowledge of Spanish.

NOTE: Every student having a sincere desire to learn Spanish and to build up a *large* vocabulary in the language should purchase and *use* a good Spanish-English, English-Spanish dictionary in connection with PRACTICAL SPOKEN SPANISH.

TABLAS DE MATERIAS

Table of Contents

PARTE PRIMERA DEL TEXTO
First Part of the Text
PRONUNCIACIÓN
Pronunciation

LECCION UNA (PRIMERA)
Lesson One (First)

I

PRONUNCIACION
(Pronunciation)

A correct pronunciation of Spanish is not difficult to acquire, if certain fundamental facts are borne in mind. There are certain general differences between the pronunciation of English and Spanish which must be understood at the very beginning of this study. The almost constant *slurring* and *sliding* of vowel sounds in English must be very carefully avoided in Spanish. Vowels in Spanish are generally more closed than in English and are pronounced more to the front of the mouth. Spanish consonants are usually not so explosive nor so strongly pronounced as those in English. In general, Spanish sounds are produced more clearly, more quickly, in other words, more *snappily* than the corresponding sounds in English. The student should remember these general differences at all times when studying and practicing Spanish pronunciation.

SONIDOS DE LAS VOCALES
(Vowel Sounds)

Each of the vowels in Spanish has a certain essential or fundamental sound, which, for all practical purposes, remains always the same. Since this text deals only with the *practical* side of Spanish, we shall stress only the fundamental sound in the case of each vowel. All details and shades of sounds may be mastered by the student who wishes to continue the study of Spanish beyond the scope of this present text.

The main thing the student must keep in mind as he pronounces Spanish vowels is not to slur them as in the case of the "ā" in English "lāte," "rāte," etc. In Spanish the tone quality of the vowel must remain exactly the same until the sound is finished. This danger to slur or slide the vowels can be successfully avoided by constant practice and by pronouncing the Spanish vowels snappily.

Now let us take up a brief, separate study of the vowels, a, e, i, o, u. From the beginning the student should strive to "fix" in his mind the *Spanish* sounds of these vowels and should not give them the English sounds of: ā, ē, ī, ō, ū, but rather the Spanish pronunciation, as: ah, ā, ēē, oh, and ŏŏ as in English "bŏŏt."

La Vocal "A"
(The Vowel "a")

Note: In all the exercises for practice in pronunciation, the student should always practice *aloud* (en voz alta).

The fundamental sound of the Spanish vowel "a" is that of the first "a" in the English words "papa" and "mama." It has a very close approximation to the English exclamation "ah." Pronounce rapidly with no slur or slide the following syllables, giving the vowel the Spanish sound of "ah," mouth well open, and sound well to the back of the mouth cavity:

ba, ca, da, fa, ga, la, ma, na, ta, ya

Pronounce the above syllables over and over again *snappily*. Avoid any slurring. Practice the syllables until the mind becomes accustomed to the sound of "ah" for the vowel "a"; until it seems quite *natural* to pronounce "ba" as English "bah," and so on through the above group of syllables.

La Vocal "e"
(The Vowel "e")

In Spanish the vowel "e" has the fundamental sound of a snappy English "ā," as in "māte," but without any slur or glide. Pronounce quickly with no off-glide the Spanish "e" as "ā" in "māte" in the following syllables:

be, de, fe, le, me, pe, se, te, ye

Pronounce the above syllables over many times until the Spanish sound becomes fixed in the mind. Practice until it *feels* natural to pronounce the above syllables as quickly pronounced English words "bay," "day," "fay," and so on through the group.

II
La Vocal "i"
(The Vowel "i")

The fundamental sound of the Spanish vowel "i" is like that of the "i" in "police" or the "i" in English "machine." Pronounce the Spanish "i" as the "i" in "machine" in the following syllables:

bi, di, fi, li, mi, ni, si, ti

Pronounce the above syllables many times until it appears normal to pronounce them as the English words "bee," "dee," "fee," and so on. Care should be exercised, however, not to drag the Spanish "i."

LA VOCAL "O"
(The Vowel "o")

The Spanish vowel "o" is not at all difficult to learn to pronounce. It differs from the usual English "ō" as in "mōat" in that the Spanish "o" is pronounced much more quickly and with no slide or glide as is so often the case in English. With this warning in mind, pronounce the Spanish "o" in the following syllables:

bo, do, fo, lo, no, po, so, to, yo

Practice the above syllables many times, and it will soon appear quite natural to pronounce them as the English words "bow" (as in bow and arrow), "doe," "foe," and so on through the group.

LA VOCAL "U"
(The Vowel "u")

This vowel often gives much trouble due to the fact that the mental "set-up" of an English-speaking person is strongly prejudiced in favor of its pronunciation as the "ū" in the English word "mūle." The difficulty can be overcome, however, by practice and patience. The student should, from the start, think of the Spanish "u" as being pronounced like the English "ōō" in "bōōt." Once this idea is firmly entrenched, the correct pronunciation of the Spanish "u" is easily acquired. Pronounce the Spanish "u" as the "ōō" in "bōōt" in the following syllables:

bu, du, fu, lu, mu, nu, pu, su, tu

Soon the student will be pronouncing the above syllables quite naturally as the quickly pronounced English words "boo," "do," and so on, without the usual English glide.

LECCION DOS (SEGUNDA)
Lesson Two (Second)

LAS CONSONANTES ESPAÑOLAS
The Spanish Consonants

I

In general, Spanish consonants do not present as much difficulty as do the vowels, some of them having almost the identical pronunciation as the corresponding letters in the English alphabet. However, there are a few Spanish consonants, notably "b," "d," "t," "ll," "rr," "s," and "x," which seem to present serious difficulty to the average English-speaking student. This is true because of the fact that there are no close approximations to the pronunciation of the above Spanish consonants in English.

As in the case of the vowels, there are certain general differences in the pronunciation of Spanish consonants and that of English. The student should bear in mind that the tongue, the lips, and the teeth are used to a greater extent in Spanish pronunciation. Also, it must be observed that Spanish consonants are usually not so *explosive* as the corresponding ones in English.

Since the Spanish vowel sounds have already been studied, the student may now start the process of learning to pronounce a Spanish word in a separate study of the consonants. Be careful in each case to give the proper sound to the vowel which accompanies each consonant. The list of Spanish words for practice will be presented at the end of the separate study of the consonants. Only then will the student be able to pronounce correctly both vowels and consonants.

7

In the following drill on consonants only those which offer more or less difficulty will be considered. The others are pronounced very nearly as in English.

B^b—Less explosive than in English. Lips must just barely touch, giving a slightly *fricative* quality to the sound.

C^c—Before "a," "o," and "u" pronounced hard like English "k." Before "e" and "i," pronounced like "th" in English "thin" in Castilian Spanish. In Spanish America the "c" before "e" and "i" is pronounced like the English "s" without any hiss in the sound.

CH^{ch}—Pronounced like "ch" in English "chair," "church."

D^d—This consonant deserves special attention, as the correct pronunciation of it is seldom perfected by an English-speaking person. It does *not* have the sound of the *hard* English "d" as in the word "dog." The Spanish "d" is pronounced more softly with the tip of the tongue protruding very slightly between the teeth, giving it almost the pronunciation of the English "th" as in "though" or "than." The student should, at first, take a small mirror and see that the tongue protrudes slightly between the teeth. The proper pronunciation can be mastered with patience and practice. The fact that the student does pronounce correctly the English "though" and "than" is proof of his ability to learn to pronounce correctly the Spanish "d." Practice the "d's" in the Spanish word "donde" (where) until you pronounce it as "thón they," being careful to give the "th" in "thon" the same sound as the "th" in English "than." This pronunciation is, of course, slightly exaggerated, but is infinitely nearer correct than the hard English "d" sound as in "dog." In the pronunciation of the Spanish "d" the student must train himself completely away from the *hard* sound given the English "d." It is said that no person knows how to speak Spanish who has not mastered the Spanish "d."

*G*g—Hard before "o," "a," and "u"; soft like English "h" before "e" and "i."

*H*h—*Always* silent in Spanish. Spanish word "honor" pronounced "onór"—"h" absolutely silent and stress on last syllable.

*J*j—Pronounced approximately like a strongly aspirated English "h" with a slight *roughing* of the air against the roof of the mouth.

*L*l—Much more rapidly pronounced than the English "l," with a correspondingly more liquid sound.

*LL*ll—in Castilian, pronounced like the "ll" in English "million." In Spanish America, often given the sound of English "y," as in "yes."

*Ñ*ñ—This consonant in Spanish is pronounced almost exactly like the "ni" in English "onion." Should not be at all difficult to acquire. Also very similar to the "kn" in English "knew." With a little practice the pronunciation of the Spanish "ñ" can be perfected.

*Q*q—Hard like English "k." "Que" is pronounced as English "K."

II

Rr—The Spanish "r" demands special attention. The single "r" (not initial) is pronounced with one clear trill of the tip of the tongue. This can be acquired by a short rapid movement of the tongue. Practice this movement until the tongue is supple. The danger in the pronunciation of the Spanish "r" is that the student is likely not to trill the tongue at all or trill it too much and sound affected.

RRrr—The Spanish "rr" is produced by a strong trill of the tip of the tongue. The single "r" at the beginning of a word has the same force as the "rr." The strong trill can be acquired by practice. Allow the tongue to remain relaxed in the mouth, then start it vibrating at the tip by a quick and continuous series of out-going breaths. An excellent aid in acquiring the trill of the "rr" is to try to imitate the ringing of a telephone bell by vibrating the tip of the tongue. Many students who have given up the attempt to learn to trill the Spanish "rr" have found the "telephone imitation" device solves their problem. Even the "rr" can be too strongly trilled, but the danger is not so great on the part of an English-speaking student. Practice the "rr" with the following vowels:

rra, rre, rri, rro, rru

S^s—The "s" in Spanish pronunciation is similar to that of English, but without the usual English hiss.

T^t—The Spanish "t" is pronounced more rapidly and much nearer the front of the mouth than in the case of the corresponding English consonant. The tip of the tongue touches the back of the upper front teeth.

V^v—This consonant is pronounced like the Spanish "b." There is practically no difference. Not so explosive as in English, lips barely coming together, causing a slight vibration between the lips.

X^x—Pronounced like Spanish "j" between vowels; like "s" before a consonant; sometimes as English "ks," "gs."

Z^z—This consonant is pronounced as the "th" in English "thin" in Castilian. In Spanish America it is usually given the sound of an unhissed "s."

*   *   *

The student has now studied the correct pronunciation of the Spanish vowels and consonants. Now, and not until now, can the student intelligently begin the pronunciation of Spanish words.

Practice the following words, watching carefully the proper pronunciation (check your own pronunciation by referring to what has already been learned thus far in lessons I and II):

(NOTE: Since accentuation has not yet been considered, written accents are given on the following words to show the student upon which syllable he should place the stress of his voice. The English meaning is also given.)

1.	boníto	*pretty*	14.	cabállo	*horse*
2.	bóbo	*fool*	15.	llamár	*call*
3.	bóca	*mouth*	16.	niño	*child*
4.	cáma	*bed*	17.	cariño	*fondness*
5.	cómo	*as*	18.	quemár	*to burn*
6.	dónde	*where*	19.	péro	*but*
7.	adóbe	*adobe*	20.	pérro	*dog*
8.	salúd	*health*	21.	sermón	*sermon*
9.	góma	*gum*	22.	tomár	*to take*
10.	generál	*general*	23.	vída	*life*
11.	hácha	*ax*	24.	empezár	*to begin*
12.	júnto	*together*	25.	México	*Mexico*
13.	saludáble	*healthful*	26.	exponér	*to expose*

For practice in the pronunciation of the Spanish "d," repeat many times the following sentence:

¿Dónde está el pescado? (Where is the fish?)

For practice in the pronunciation of the "r" and "rr," repeat the following sentence until it is mastered:

El pobre perro de Pedro Rodriguez se perdió. (The poor dog of Pedro Rodriguez is lost.)

LECCION TRES (TERCERA)
Lesson Three (Third)
EL ACENTO
Accent

The Spanish language being a daughter of Latin (it grew out of popular or "vulgar" Latin) retains, in most cases, the Latin stress or accent. This means that the great majority of Spanish words are stressed or accented on the *next-to-the-last syllable*. Ordinarily a Spanish word has as many syllables as it has vowels. Two simple rules which have very few exceptions are these:

1. Words ending in a vowel or the consonants "n" or "s" are accented on the next to the last syllable. Therefore, the stress of the voice falls upon the next to the last syllable in the following words: libro (book), mesa (table), pluma (pen), muchacho (boy), padre (father), madre (mother), inventado (invented), lunes (Monday), and escriben (they write).

Repeat the pronunciation of the above words several times aloud noting the stress each time.

2. Words ending in all other consonants besides "n" or "s" are regularly accented on the *last* syllable. Pronounce the following words making sure to stress them on the last syllable: amar (to love), reloj (watch), español (Spanish), capital (capital), and correr (to run).

All exceptions to the above simple rules require the written accent. Some examples follow: (Pronounce these words being careful to place the stress of the voice on the syllable that carries the written accent):

México (Mexico), inglés (English), dirección (direction), fácil (easy), and conversación (conversation).

For practice and drill on accentuation, pronounce aloud the following words, keeping in mind the above rules as well as the correct sounds of the Spanish vowels and consonants:

1.	padre	*father*	11.	México	*Mexico*
2.	madre	*mother*	12.	ferrocarril	*railway*
3.	muchacho	*boy*	13.	estación	*station*
4.	casa	*house*	14.	Sud América	*South America*
5.	rincón	*corner*	15.	tren	*train*
6.	café	*coffee*	16.	aeroplano	*aeroplane*
7.	ciudad	*city*	17.	flores	*flowers*
8.	camino	*road*	18.	fruta	*fruit*
9.	amigos	*friends*	19.	reloj	*watch*
10.	viaje	*voyage*	20.	tiempo	*time, weather*

LECCION CUATRO (CUARTA)
Lesson Four (Fourth)

DIPTONGOS AND TRIPTONGOS
Diphthongs and Triphthongs

A combination of Spanish vowels in the same word, as in the case of diphthongs and triphthongs, seems to offer much difficulty to English-speaking students. This difficulty, however, can readily be overcome with a little study and practice.

The *strong* vowels in Spanish are: "a," "e," and "o." The *weak* vowels are: "i" and "u." A diphthong is made up of a combination of a strong vowel with a weak vowel, thus: ai, ia, ei, ie, oi, io, ua, eu, ue, ou, uo. Pronounce the above combinations taking care to pronounce the vowels *on one breath* as one vowel, with the principal stress of the voice on the *strong* vowel, as: "áhĕe," "ĕeáh," and so on through the list. Bear in mind always the Spanish sound of the vowels. A combination of two weak vowels also forms a diphthong, as in "iu" in the Spanish word "viuda" (widow). In such cases the main stress of the voice falls on the *last* weak vowel. Therefore, "viuda" would be pronounced "vēē o͝o tha" with the stress of the voice on the sound of "o͝o" as in English "bo͝ot."

NOTE: Two strong vowels coming together do not form a diphthong, but are pronounced separately as in separate syllables, as in "ma-es-tro" (teacher, master) pronounced: "mah-acé-trow" with the stress of the voice on the second or middle syllable.

Sometimes a combination of a strong and a weak vowel has a written accent on the weak vowel. In such a case the stress is, of course, on the weak vowel which bears a written accent, as in "baúl" (trunk), pronounced in Spanish as "bah o͝ol."

The combination of a strong vowel that is stressed standing between two weak vowels is called a triphthong, as in: "uai," "uei," "iai," and "iei." The stress in these cases is principally on the strong vowel. Thus "uai" should be pronounced "oo áh ēē" with the main stress on the middle syllable, as in the word "continuáis (you continue). Triphthongs are not difficult when studied and practiced in this way.

For practice in the pronunciation of diphthongs and triphthongs, repeat aloud the following words at least five times keeping in mind the sounds of the Spanish vowels and the proper stress as learned in the above paragraphs:

1. fuerza	*force*	6. continuáis	*you continue*
2. ciudad	*city*	7. despreciáis	*you scorn*
3. sabio	*wise*	8. averiguáis	*you find out*
4. viejo	*old*	9. buey	*ox*
5. baile	*dance*	10. estudiáis	*you study*

Pronounce the following combinations that do not form diphthongs:

museo (mu-sé-o)	*museum*	maestro (ma-és-tro) *teacher*
poeta (po-é-ta)	*poet*	

LECCION CINCO (QUINTA)
Lesson Five (Fifth)

SILABEO
Syllabication

For all practical purposes a general rule may be stated, namely: that there are as many syllables in a Spanish word as there are vowel sounds. In other words, the usual case is that a syllable in Spanish consists of a consonant and a vowel, as in "ma-sa" (mass); "me-sa" (table); "mi-sa" (prayer); "mo-na" (cute); "mu-la" (mule).

Sometimes, however, the case is not so simple. A consonant standing between two vowels goes with the following syllable, as in "fru-ta" (fruit). Sometimes a combination of consonants like "br," "bl," and "tr" occur in a word. In such cases the combination referred to above goes in the following syllable, as in "ha-blar" (to speak), pronounced "ah-vlár" *not* "háb-blar" as it is sometimes wrongly pronounced.

Sometimes, when two consonants come together like "nt" in the same word, the first is placed with the preceding syllable and the second in the following syllable, as in "pin-tar" (to paint).

Divide the following words into syllables according to the above rules and pronounce each word aloud several times, giving correct sounds to the Spanish vowels and proper stress of the voice:

familia	*family*	campo	*country, field*
casa	*house*	café	*cafe*
comida	*meal*	camino	*road*
ciudad	*city*	aeroplano	*aeroplane*
tienda	*store*	tiempo	*time, weather*

NOTE: Before going on to the next section of the text, which deals with vocabulary building and simple spoken Spanish, the student is urged to review the five preceding lessons, pronouncing the exercises many times *aloud*. It is only in earnest effort and practice that a correct Spanish pronunciation can be acquired. Honest effort will be rewarded with reasonable success even in the case of the most skeptical.

PARTE SEGUNDA DEL TEXTO
Second Part of the Text

VOCABULARIO
Vocabulary Building

EJERCICIOS
Exercises in Reading and Speaking Spanish

LECCION SEIS (SEXTA)
Lesson Six (Sixth)

I

Spanish proverb: "El trabajo hace la vida agradable."
(Work makes life pleasant)

*   *   *

The proverb in each lesson is not translated literally.

The following ten lessons of this text are devoted entirely to vocabulary building and to simple, practical exercises in reading and conversation. No formal grammar is presented. The author feels that the more *natural* procedure of learning words and simple phrases in reading and conversation should *precede* any formal presentation of grammar. Wherever possible in this section of the text, the author presents material dealing with our neighbor republic to the south, Mexico.

VOCABULARIO
(Vocabulary)

NOTE: From the beginning the student should form the habit of pronouncing carefully aloud every word in the vocabulary which precedes the exercise of each lesson in the text. Strive always to establish the mental "set-up" of *thinking* in Spanish. Refer to the English equivalent of a Spanish word only when absolutely necessary. If at all possible, avoid literal translations of the Spanish at all times. Try to grasp the thought *in Spanish*.

The following vocabulary seems quite large, but many of the words will appear time and again in the book. Repetition will aid in learning them.

VOCABULARIO

una	*a*	está	*is (place where)*
familia	*family*	casa	*house*
vive	*lives*	en casa	*at home*
en	*in*	consiste en	*consists of*
México	*Mexico*	el padre	*the father*
la	*the*	la madre	*the mother*
no	*not*	y	*and*
es	*is*	los	*the (plural)*
grande	*large*	cuatro	*four*
hay	*there are, there*	hijos	*children*
	is	de	*of*
¿hay?	*are there, is*	son	*they are*
	there?	dos	*two*
seis	*six*	blanca	*white*
personas	*persons, people*	pobre	*poor*
muchachos	*boys*	feliz	*happy*
muchachas	*girls*	sí, señor	*yes, sir*
rica	*rich*	no, señor	*no, sir*
está	*is (mental state)*	estoy	*I am*
¿dónde?	*where?*		
yo	*I*		
usted	*you (pronounce*		
	"o͡o-státh")		

Read aloud in Spanish:

Una Familia

1. Esta familia vive en México. 2. La familia no es grande. 3. Hay seis personas en la familia. 4. La familia está en casa. 5. La familia consiste en el padre, la madre, y los cuatro hijos. 6. Dos de los hijos son muchachos. 7. Dos de los hijos son muchachas. 8. La familia vive en una casa blanca. 9. La familia no es rica. 10. La familia no es pobre. 11. La familia está feliz. 12. Yo estoy feliz.

NOTE: "De" and "el" when they come together in Spanish are combined into "del" (of the). "a" and "el" form "al" (to the). "de" and "la" as well as "a" and "la" do not contract.

CUESTIONARIO
(Questions)

NOTE: After each reading selection, the student should answer *in Spanish* each question in the "Cuestionario." The question should be asked and answered *aloud* (en voz alta). This is excellent practice in learning to speak Spanish. If at all possible, go over the questions and answers with another person. Let one person ask the questions, the other answer them, and vice versa.

Example—¿ Dónde vive la familia? *Answer:* La familia vive en México.

Answer the following questions in Spanish:

1. ¿ Es grande la familia?
2. ¿ Hay seis personas en la familia?
3. ¿ Dónde está la familia?
4. ¿ Son muchachos dos de los hijos?
5. ¿ Vive la familia en una casa blanca?

II

"A chico pajarillo, chico nidillo." (Little bird, little nest.)

Pronounce the following:

VOCABULARIO
(Vocabulary)

la casa	*the house*	un	*a*
es	*it is*	el patio	*the inclosed*
blanca	*white*		*courtyard*
grande	*large*	también	*also*
está	*it is (located)*	los muchachos	*children, boys*
en	*in*	juegan	*play*
México	*Mexico*	hay	*there is, there are*
tiene	*has*	flores	*flowers*
de	*of*	da a	*faces*
piedra	*stone*	la calle	*the street*
muy	*very*	bonita	*pretty*
muchos	*many*	yo vivo	*I live*
cuartos	*rooms*		

Read aloud:

La Casa

1. La casa es blanca. 2. La casa es grande. 3. La casa está en México. 4. La casa tiene muchos cuartos. 5. La casa tiene un

patio también.   6. Los muchachos juegan en el patio.   7. Hay flores en el patio.   8. La casa da a la calle.   9. La casa es de piedra.   10. La casa es muy bonita.   11. Yo vivo en la casa.

Read the above exercise in Spanish several times until you understand it thoroughly *without* translating it.   Try always to get the meaning of the Spanish sentence without thinking of the corresponding English words.

CUESTIONARIO
(Questions)

Answer the following questions:

Example: ¿ Es blanca la casa?   *Answer:* Si, señor, la casa es blanca.

1. ¿ Es grande la casa?
2. ¿ Está la casa en México?
3. ¿ Tiene la casa muchos cuartos?
4. ¿ Tiene la casa un patio?
5. ¿ Dónde juegan los muchachos?
6. ¿ Hay flores en el patio?
7. ¿ Da la casa a la calle?
8. ¿ Es de piedra la casa?
9. ¿ Es bonita la casa?

LECCION SIETE (Séptima)
Lesson Seven (Seventh)

I

Spanish proverb: "Alcanza quien no cansa."
(He who does not tire succeeds)

VOCABULARIO
(Vocabulary)

Pronounce:

está	*is (location)*	dice la gente	*the people say*
a	*at*	a diferentes	
la mesa	*the table*	comidas	*at different meals*

VOCABULARIO *(Continuado)*

comen	*they eat*	buenas tardes	*good afternoon*
la comida	*the dinner, the meal*	o	*or*
		chocolate	*chocolate*
el pan	*the bread*	beben	*they drink*
las patatas		la leche	*the milk*
(also las papas)	*the potatoes*	toma	*he takes*
la carne	*the meat*	café	*coffee*
toman	*they drink, take*	mexicano	*Mexican*
toda	*all*	muy	*very*
usted	*you*	bueno	*good*
buenos días	*good morning*	también	*also*

Read the following exercise aloud without translating literally into English:

La Comida

1. La familia está a la mesa. 2. Comen la comida. 3. Comen el pan, las patatas (papas), y la carne. 4. Toman café ó chocolate. 5. Los muchachos beben leche. 6. El padre toma café. 7. La madre toma chocolate. 8. El pan mexicano es muy bueno. 9. El chocolate es bueno. 10. El café es muy bueno también. 11. Toda la comida es buena. 12. Usted come la comida. 14. Buenos días, buenas tardes, buenas noches, dice la gente a las diferentes comidas.

CUESTIONARIO
(Questions)

Answer in Spanish:

Example: ¿Dónde está la familia? *Answer:* La familia está a la mesa.

1. ¿Qué (what) comen las personas de la familia?
2. ¿Comen pan?
3. ¿Comen carne?
4. ¿Toma el padre chocolate?
5. ¿Toma la madre café?
6. ¿Qué (what) beben los muchachos?
7. ¿Es bueno el pan mexicano?
8. ¿Es bueno el chocolate?

II

Spanish Proverb: "Amor con amor se paga."
(One good turn deserves another.)

NOTE: Words will be repeated in the vocabulary only until the student has had time to master them. All new words which appear in the reading material will always be given.

VOCABULARIO

Pronounce:

estamos	*we are*	gente	*people*
ciudad	*city*	calle	*street*
de	*of*	parques	*parks*
bonita	*pretty*	flores	*flowers*
hay	*there is, there are*	museo	*museum*
		nacional	*national*
edificios	*buildings*	gran	*big, great*
hermosos	*beautiful*	catedral	*cathedral*
muchas	*many*	teatro	*theatre*
República		capital	*capital*
Mexicana	*Mexican Republic*	él, El	*he*

Read in Spanish:

En la Ciudad

1. Estamos en la Ciudad de México. 2. Es una ciudad bonita. 3. Hay muchos edificios hermosos. 4. Hay muchas casas bonitas. 5. También hay mucha gente en la calle. 6. Hay muchos parques hermosos. 7. También hay muchas flores bonitas. 8. Hay un museo nacional, una gran catedral, y un teatro nacional. 9. La Ciudad de México es la capital de la República Mexicana. 10. El vive en la capital.

Answer the following questions in Spanish:

Example: ¿Dónde (where) estamos? *Answer:* Estamos en la Ciudad de México.

1. ¿Es bonita la Ciudad de México?
2. ¿Son hermosos los edificios?

3. ¿ Hay casas bonitas?
4. ¿ Hay mucha gente en la calle?
5. ¿ Hay parques hermosos?
6. ¿ Son bonitas las flores?
7. ¿ Hay un teatro nacional?
8. ¿ De qué (of what) república es capital la Ciudad de México?

LECCION OCHO (Octava)
Lesson Eight (Eighth)

I

Pronounce in Spanish:

VOCABULARIO

estamos	*we are (location)*	son	*are (permanent*
tienda	*store, shop*		*quality)*
aquí	*here*	muy	*very*
venden	*they sell*	elegantes	*fine, elegant*
de todo	*everything*	hermosos	*fine, beautiful*
sombreros	*hats*	cosas	*things*
zapatos	*shoes*	caras	*high-priced, dear*
charros	*tight-fitting Mexi-*	baratas	*low-priced, cheap*
	can suits often	gente	*people*
	decorated with sil-	me gusta	*I like*
	ver and gold	mucho	*much*
sarapes	*light Mexican In-*	Mexicana	*Mexican*
	dian wraps or	también	*also*
	blankets.	ella	*she*

Read in Spanish:

En la Tienda

1. Estamos en una tienda muy grande de México. 2. Aquí venden de todo; venden sombreros, zapatos, charros, y sarapes. 3. Los sombreros son muy grandes. 4. Los zapatos son muy elegantes. 5. Los charros son muy hermosos. Los sarapes son muy bonitos. 7. Las cosas no son caras. 8. Son baratas. 9. Hay mucha gente en la tienda. 10. Me gusta mucho la tienda mexicana. 11. Ella está en la tienda.

Answer in Spanish:

Example: ¿Dónde estamos ahora (now)? *Answer:* Estamos en una
tienda de México.

1. ¿Qué (what) venden en la tienda?
2. ¿Venden sombreros?
3. ¿Son elegantes los zapatos?
4. ¿Son elegantes los charros también?
5. ¿Son bonitos los sarapes?
6. ¿Son caras las cosas en la tienda?
7. ¿Hay mucha gente?
8. ¿Le gusta (do you like) la tienda méxicana?

II

Spanish Proverb: "A lo hecho pecho"
(Make the most of what has happened.)

Pronounce:

VOCABULARIO

aquí	*here*	el mozo	*the waiter*
estamos	*we are (location)*	sirve	*serves*
cómodos	*comfortable*	la mesa	*the table*
café	*cafe, coffee*	nos sirve	*he serves us*
verdadero	*real*	caldo	*soup*
mozos	*waiters*	sopa de fideo	*sort of stew,*
hombres	*men*		*spaghetti*
mujeres	*women*	arroz	*rice*
tráiganos	*bring us*	pan francés	*French bread*
ellos	*they*	mole	*a Mexican dish*

Read aloud:

En el Café

1. Aquí estamos muy cómodos. 2. Estamos en un café en la
Ciudad de México. 3. Es un verdadero café mexicano. 4. Hay
mucha gente. 5. También hay muchos mozos. 6. Hay más hombres
que mujeres. 7. El mozo sirve la mesa. 8. Nos sirve caldo, sopa de
fideo, arroz mexicano, mole, y pan francés. 9. Mozo, tráiganos café con
leche. 10. La comida es muy buena en un café mexicano. 11. Ellos
comen en el café.

Answer in Spanish:

Example: ¿Estamos cómodos aquí? *Answer:* Sí, señor, estamos muy cómodos aquí.

1. ¿Dónde estamos?
2. ¿Es un verdadero café mexicano?
3. ¿Hay mucha gente?
4. ¿Hay muchos mozos?
5. ¿Hay mas mujeres que hombres en el café?
6. ¿Quién (who) sirve la mesa?
7. ¿Qué platos (dishes) nos sirve el mozo?
8. ¿Toma usted (you) café?
9. ¿Le gusta café con leche?
10. ¿Le gusta la comida mexicana en un café mexicano?

LECCION NUEVE (NOVENA)
Lesson Nine (Ninth)

I

Spanish Proverb: "Vanse los gatos, y entiendense los ratos."
(When the cat is away, the mice will play.)

Pronounce carefully:

VOCABULARIO

el campo	*country*	gallinas	*chickens*
casas	*houses*	se levanta	*get up, arise*
árboles	*trees*	temprano	*early*
flores	*flowers*	los hombres	*the men*
animales	*animals*	trabajan	*work*
caballos	*horses*	todo el día	*all day*
vacas	*cows*	hace buen tiempo	*it is fine weather*
cabras	*goats*	nos gusta ir	*we like to go*
y	*and*		

Read aloud. Try always to grasp the meaning of the Spanish words and phrases without thinking of the English equivalents:

En el Campo

1. Estamos ahora en el campo. 2. En el campo no hay muchas casas. 3. Hay muchos árboles y flores. 4. También hay muchos animales. 5. Hay caballos, vacas, cabras, y gallinas. 6. La gente se levanta muy temprano en el campo. 7. Los hombres trabajan todo el día. 8. Hace buen tiempo en el campo. 9. Nos gusta ir al campo.

Read aloud and answer the following questions in Spanish:

Example: ¿Dónde (where) estamos ahora? *Answer:* Estamos ahora en el campo.

1. ¿Hay (are there) muchas casas en el campo?
2. ¿Hay muchos árboles y flores?
3. ¿Hay muchos animales?
4. ¿Hay caballos y vacas en el campo?
5. ¿Se levanta temprano la gente en el campo?
6. ¿Cuánto (how much?) trabajan los hombres en el campo?
7. ¿Hace buen tiempo (is it good weather) en el campo?
8. ¿Nos gusta ir (do we like to go) al campo?

II

Spanish Proverb: "Verdades y rosas tienen espinas."
(Truth and roses have thorns.)

Pronounce aloud:

VOCABULARIO

el camino real	*highway*	nuestro	*our*
viajamos	*we are travelling*	segundo	*second*
en automóvil	*by automobile*	viaje	*trip*
corre	*runs*	hemos estado	*we have been*
de prisa	*fast*	antes	*before*
éste	*this (one)*	pasamos por	*we pass through*
internacional	*international*	Laredo	*Laredo, Texas*
entre	*between*	Monterrey	*Monterrey, Mex.*
los Estados		Saltillo	*Saltillo, Mexico*
Unidos	*United States*	nos gusta ir	*we like to go*
el paisaje	*the landscape*		

Read in Spanish:

En el Camino
(Un Viaje a México)

1. Estamos ahora en el camino real. 2. Viajamos en automóvil. 3. El automóvil corre muy de prisa. 4. Hay cinco personas en el automóvil. 5. Este es el camino internacional entre los Estados Unidos y la Ciudad de México. 6. Este es nuestro segundo viaje a México. 7. Hemos estado antes en la capital de México. 8. Pasamos por Laredo, Monterrey, y Saltillo. 9. El paisaje es muy bonito. 10. Nos gusta ir a México.

Repeat the following questions and answer in Spanish:

Example: ¿Qué hacemos (what are we doing) ahora? *Answer:* Hacemos un viaje (we are taking a trip) a la Ciudad de México.

1. ¿Dónde estamos ahora?
2. ¿En qué (in what) viajamos?
3. ¿Corre muy de prisa el automóvil?
4. ¿Cuántas (how many) personas hay en el automóvil?
5. ¿Qué (what) camino es éste (this one)?
6. ¿Han estado ustedes (have you been) antes en la capital de México?
7. ¿Por cuáles (through which) ciudades pasamos en el viaje?
8. ¿Es bonito el paisaje?
9. ¿Les gusta (do you like) ir (to go) a México?

LECCION DIEZ (DECIMA)

I

Spanish Proverb: "A donde fueres haz lo que vieres."
(When in Rome do as the Romans.)

Pronounce:

VOCABULARIO

la frontera	*the border*	revisión de	*baggage inspec-*
que	*that, who*	equipaje	*tion*
viajan	*travel*	coche cama	*Pullman, sleeping*
por	*by*		*car*

VOCABULARIO *(Continuado)*

tren	*train*	coche comedor	*dining car*
va	*go*	oficiales	*officials*
boleto	*ticket*	hablan	*they speak*
cuesta	*cost*	español	*Spanish*
uno	*one, a person*	casi	*nearly, almost*
baúles	*trunks*	pasajeros	*passengers*
siempre	*always*	llevan	*carry, take*
ferrocarriles		maletas	*suitcases*
nacionales	*national railways*	petacas	*large suitcase*

Read carefully in Spanish:

En el Tren

1. Hay personas que viajan por tren. 2. Mucha gente va a la capital de México por ferrocarril. 3. El boleto no cuesta mucho. 4. Uno viaja por los ferrocarriles nacionales de México. 5. El tren tiene coche cama o Pullman y coche comedor. 6. Todos los oficiales hablan español. 7. Casi toda la gente en el tren habla español. 8. Los pasajeros llevan maletas y tienen petacas o baúles. 9. En la frontera siempre hay revisión de equipaje. 10. Me gusta viajar a México por tren.

Answer the following questions in Spanish:

Example: ¿Hay personas que viajan por tren? *Answer:* Sí, señor, hay muchas personas que viajan por tren.

1. ¿Hay mucha gente que (that) va a México por tren?
2. ¿Cuesta mucho el boleto de ferrocarril?
3. ¿Por cuáles (by which) ferrocarriles viaja uno?
4. ¿Tiene Pullman el tren?
5. ¿Tiene coche comedor el tren?
6. ¿Qué idioma (what language) hablan los oficiales?
7. ¿Qué llevan los pasajeros?
8. ¿Qué hay en la frontera?
9. ¿Le gusta viajar a México por tren?

II

Spanish Proverb: "Antes que te cases, mira lo que haces."
(Look before you leap.)

Pronounce in Spanish:

VOCABULARIO

algunas	*some*	peligroso	*dangerous*
quieren	*they wish*	uno	*one, a person*
ir	*to go*	gana	*gains, saves*
por aeroplano	*by aeroplane*	tiempo	*time*
vuela	*flies*	puede quedarse	*can remain*
muy de prisa	*very fast*	más	*more*
boleto	*ticket*	las vacaciones	*vacation*
no cuesta	*does not cost*	puede ir	*can go*
demasiado	*too much*	los aviadores	*the aviators*
los pasajeros	*the passengers*	equipaje	*baggage*
llevan	*they carry, take*	no se permite	*it is not permitted*
ahora	*now*		

Read aloud in Spanish:

En el Aeroplano

1. Algunas personas quieren ir a la Ciudad de México por aeroplano. 2. El aeroplano vuela muy de prisa. 3. El boleto no cuesta demasiado. 4. El aeroplano ahora no es peligroso. 5. Uno gana mucho tiempo. 6. Uno puede quedarse más tiempo en México. 7. En las vacaciones uno puede ir a México por aeroplano. 8. Los aviadores son buenos. 9. Los pasajeros no llevan mucho equipaje en el aeroplano. 10. No se permite.

Answer in Spanish:

Example: ¿Cómo (how) quieren ir a México algunas personas?
Answer: Algunas personas quieren ir a México por aeroplano.

1. ¿Vuela muy de prisa el aeroplano?
2. ¿Cuesta mucho el boleto?
3. ¿Es peligroso el aeroplano ahora?
4. ¿Gana uno tiempo?
5. ¿Puede uno quedarse más tiempo en México?
6. ¿Qué (what) puede hacer uno (can one do) en las vacaciones?
7. ¿Son buenos los aviadores?
8. ¿Llevan mucho equipaje los pasajeros en el aeroplano?
9. ¿Se permite?

LECCION ONCE
Lesson Eleven

I

Pronounce the following:

VOCABULARIO

dos amigos	*two friends*	mi	*my*
se encuentran	*they meet*	gracias	*thanks*
en la calle	*on the street*	¿y usted?	*and you?*
dice	*he says*	llega	*arrives, comes up*
buenos días	*good morning*	a	*to*
¿cómo está usted?	*How are you?*	¿Cómo se llama?	*What is your name?*
otro	*other*		
responde	*answers*	yo me llamo	*My name is*
muy bien	*very well*	se llama	*His name is*

Read aloud:

Los Dos Amigos

1. Dos amigos se encuentran en la calle. 2. Uno de los amigos dice: Buenos días, ¿cómo está usted? 3. El otro amigo responde: —Muy bien, gracias, ¿y usted? 4. Otra persona llega y dice a los dos amigos: —¿Cómo se llama usted, señor; usted, ¿cómo se llama, señor? 5. Uno de los amigos responde: —Yo me llamo Carlos Moreno. 6. Mi amigo se llama Charles Smith. 7. Los dos amigos están en México.

Answer in Spanish:

Example: ¿Quiénes (who) se encuentran en la calle? *Answer:* Dos amigos se encuentran en la calle.

1. ¿Qué dice uno de los amigos?
2. ¿Qué responde el otro amigo?
3. ¿Quién (who) llega entonces (then)?
4. ¿Qué dice la otra persona?
5. ¿Qué responde uno de los amigos?
6. ¿Dónde (where) están los dos amigos?

II

Spanish Proverb: "El ejercicio hace al maestro."
(Practice makes perfect.)

Pronounce aloud:

VOCABULARIO

ahora	*now*	tiene veinte y	*is twenty-four*
el señor Moreno	*Mr. Moreno*	cuatro años	*years old (has*
habla español	*speaks Spanish*		*twenty-four*
el señor Smith	*Mr. Smith*		*years)*
no habla	*does not speak*	solamente	*only*
pero	*but*	veinte y dos	*twenty-two*
está estudiándolo	*is studying it*	está de prisa	*is in a hurry*
siempre	*always*	por eso	*for that reason*
con	*with*	no ve	*he does not see*
en español	*in Spanish*	las cosas	*things*
son	*they are*	bien	*well, carefully*
jóvenes	*young, youths*	no está de prisa	*is not in a hurry*

Read in Spanish:

Los Dos Amigos en México

1. Los dos amigos están ahora en México. 2. El señor Moreno habla español. 3. El señor Smith no habla español, pero está estudiándolo. 4. El señor Moreno siempre habla con el señor Smith en español. 5. Los amigos son jóvenes. 6. El señor Moreno tiene veinte y cuatro años. 7. El señor Smith tiene solamente veinte y dos años. 8. El señor Smith siempre está de prisa. 9. Por eso, no ve las cosas bien. 10. El señor Moreno no está de prisa.

Answer in Spanish:

Example: ¿Dónde están los dos amigos ahora? *Answer:* Los dos amigos están en México ahora.

1. ¿Qué idioma (what language) habla el señor Moreno?
2. ¿Habla español el señor Smith?
3. ¿Son viejos (old) los dos amigos?
4. ¿Cuántos años tiene (how old is) el señor Moreno?
5. ¿Cuántos años tiene el señor Smith?

6. ¿Está de prisa el señor Smith?
7. ¿Ve las cosas bien el señor Smith?
8. ¿Está de prisa el señor Moreno?

LECCION DOCE
Lesson Twelve

I

Spanish Proverb: "El tiempo anda."
(Time flies.)

Pronounce aloud:

VOCABULARIO

quieren ir	*(they) want to go*	el año que viene	*next year*
Sud América	*South America*	van a visitar	*they are going to visit*
proyectan	*(they) plan*	la Argentina	*Argentina*
viaje	*trip*	todas las otras	*all the other*
después de	*after*	la América del	
su	*their*	Sur	*South America*
visita	*visit*	van a ver	*they are going to see*
quieren visitar	*(they) want to visit*	altas montañas	*high mountains*
quieren ver	*(they) want to see*	ríos anchos	*wide rivers*
		por aeroplano	*by aeroplane*
grandes ciudades	*great cities*	países	*countries*
repúblicas sud-americanas	*South American Republics*		

Read:

Los Amigos Quieren Ir a Sud América

1. Ahora los dos amigos proyectan un viaje a Sud América. 2. Después de su visita a México, quieren visitar Sud América. 3. Quieren ver las grandes ciudades de las repúblicas sud-americanas. 4. El año que viene van a visitar la Argentina y todas las otras repúblicas de la América del Sur. 5. Van a ver grandes ciudades, altas montañas, y ríos anchos. 6. Van a Sud América por aeroplano.

Repeat in Spanish and answer in Spanish:

Example: A dónde quieren ir los amigos? Los dos amigos quieren ir
a Sud América.

1. ¿Proyectan otro viaje los amigos?
2. ¿Qué países quieren visitar?
3. ¿Quieren ver las grandes ciudades?
4. ¿Cuándo (when) van a Sud América?
5. ¿Qué república van a visitar primero (first)?
6. ¿Qué cosas van a ver?
7. ¿Cómo van a Sud América?

II

Spanish Proverb: "El árbol se conoce por su fruto"
(A tree is known by its fruit)

Pronounce:

VOCABULARIO

vamos a contar	*let us count*	ochenta	*eighty*
en español	*in Spanish*	noventa	*ninety*
los números		cien, ciento	*hundred*
cardinales	*the cardinal*	doscientos	*two hundred*
	numbers	quinientos	*five hundred*
hasta	*up to, until*	mil	*thousand*
veinte	*twenty*	diez mil	*ten thousand*
son	*are*	un millón	*a million*
treinta	*thirty*	hay	*there are, there is*
treinta y uno	*thirty-one*	días	*days*
cuarenta	*forty*	una semana	*a week*
cincuenta	*fifty*	un mes	*a month*
sesenta	*sixty*	un año	*a year*
setenta	*seventy*	un siglo	*a century*

Read:

Vamos a Contar en Español

1. En español los números cardinales hasta veinte son: un (uno),
dos, tres, cuatro, cinco, seis, siete, ocho, nueve, diez, once, doce, trece,
catorce, quince, diez y seis, diez y siete, diez y ocho, diez y nueve,

veinte. 2. Los números ordinales hasta diez son: primero (primera), segundo, tercero, cuarto, quinto, sexto, séptimo, octavo, noveno, décimo. 3. Hay siete días en una semana. 4. Hay cuatro semanas en un mes. 5. Hay treinta días en un mes. 6. Hay doce meses en un año. 7. Hay cien años en un siglo.

Answer in Spanish:

1. ¿Cuáles son los números cardinales en español hasta veinte?
2. ¿Puede usted contar (can you count) en español?
3. ¿Cuáles son los números ordinales en español hasta diez?
4. ¿Cuántos días (how many days) hay en una semana?
5. ¿Cuántas semanas hay en un mes?
6. ¿Cuántos días hay en un mes?
7. ¿Cuántos meses hay en un año?
8. ¿Cuántos años hay en un siglo?

LECCION TRECE
Lesson Thirteen

I

Spanish Proverb: "Dime con quien andas, y te diré quien eres." (Tell me who your companions are, and I'll tell you who you are.)

Pronounce:

VOCABULARIO

el dinero	*money*	el peso	*the peso (Mexican dollar)*
poderoso	*powerful*		
caballero	*gentleman*	de plata	*of silver*
Don Dinero	*Mr. Money*	representa	*represents*
dice	*says*	cien centavos	*hundred cents*
Quevedo	*Quevedo (Spanish satirist)*	lo que	*that which*
		monedas	*coins*
importante	*important*	cincuenta centavos	*fifty cents*
mundo moderno	*modern world*		
no vale más	*is not worth more*	un tostón	*Mex. fifty cent piece*
que la vida	*than life*	veinte centavos	*twenty cents*

VOCABULARIO *(Continuado)*

sirve	*serves*	¿ cuánto vale	*What is this*
para comprar	*to buy*	esto?	*worth?*
la unidad monetaria	*monetary unit*	vale	*it is worth*

Read the following:

El Dinero

"Poderoso caballero es Don Dinero" dice Quevedo.

1. El dinero es una cosa importante en el mundo moderno. 2. El dinero no vale más que la vida. 3. El dinero sirve solamente para comprar cosas buenas. 4. En México la unidad monetaria es el peso. 5. El peso es de plata, y representa cien centavos mexicanos. 6. El peso mexicano representa a los mexicanos lo que un *dollar* representa a una persona en los Estados Unidos. 7. Hay también en México monedas de cincuenta centavos (un tostón), de veinte centavos, y de diez centavos. 8. ¿ Cuánto vale esto? Vale cinco pesos mexicanos.

Answer in Spanish:

Example: ¿ Es importante el dinero? Sí, señor, el dinero es importante.

1. ¿ Es mas importante el dinero que la vida?
2. ¿ Para qué (for what purpose) sirve el dinero?
3. ¿ Qué es la unidad monetaria en México?
4. ¿ Cuántos (how many) centavos hay en un peso mexicano?
5. ¿ Hay más monedas en México?
6. ¿ Cuáles (which) son (are they)?
7. ¿ Cuánto vale esto?

II

Spanish Proverb: "Quien mas tiene, mas quiere."
(The more a person has, the more he wants.)

Pronounce aloud:

VOCABULARIO

el tiempo	*the weather*	ayer	*yesterday*
hace buen tiempo	*it is pretty weather*	hacía mucho frío	*it was very cold*
		no brillaba	*was not shining*

VOCABULARIO *(Continuado)*

hoy	*today*	hacía mucho	
el sol	*the sun*	viento	*it was very windy*
brilla	*shines*	hace calor	*it is warm*
hace mucho sol	*it is very sunny*	de vez en cuando	*sometimes*
no hace mucho	*it is not very*	llueve	*it rains*
viento	*windy*	a veces	*sometimes*
hace mal tiempo	*it is bad weather*	nieva	*it snows*
yo tengo calor	*I am warm*	usted tiene frío	*you are cold*
cuando	*when*		

Read aloud:

El Tiempo

1. Hace buen tiempo hoy. 2. El sol brilla. 3. Hace mucho sol. 4. No hace mucho viento. 5. Ayer hacía muy mal tiempo. 6. Hacía mucho frío. 7. El sol no brillaba. 8. Hacía mucho viento. 9. Hace calor hoy. 10. De vez en cuando llueve, a veces nieva. 11. Yo tengo calor. 12. Ud. (Usted) tiene frío.

Answer in Spanish:

Example: ¿ Hace buen tiempo hoy? *Answer:* Sí, señor, hace buen tiempo hoy.

1. ¿ Brilla el sol?
2. ¿ Hace mucho viento?
3. ¿ Hacía mal tiempo ayer?
4. ¿ Hacía mucho frío?
5. ¿ Brillaba el sol?
6. ¿ Hace calor hoy?
7. ¿ Cuándo llueve?
8. ¿ Tengo yo (am I) calor?
9. ¿ Tiene usted frío?

LECCION CATORCE
Lesson Fourteen
I

Spanish Proverb: "Quien busca halla."
(Whoever seeks finds)

Pronounce:

VOCABULARIO

el reloj	*the watch*	mi	*my*
dispénseme	*excuse me, par-*	adelanta	*runs fast*
	don me	no anda bien	*does not run*
Ud.	*(abbreviation*		*well*
	for usted)	¿A qué hora?	*At what hour?*
¿Qué hora es?	*What time is it?*	empieza a	*you begin to*
es la una y	*it is one-thirty*	trabajar	*work*
media	*o'clock*	yo comienzo	*I begin*
son las dos	*it is two o'clock*	a las diez	*at ten o'clcock*
son las cinco y		de la mañana	*in the morning*
quince	*it is five-fifteen*		

Read aloud:

El Reloj

1. Señor, dispénseme, ¿tiene Ud. reloj? 2. ¿Qué hora es? 3. Es la una. 4. Es la una y media. 5. Son las dos. 6. Son las cinco y quince. 7. Mi reloj adelanta mucho. 8. Mi reloj no anda bien. 9. ¿A qué hora empieza usted a trabajar? 10. Yo comienzo a trabajar a las diez de la mañana.

Answer the following questions in Spanish:

Example: ¿Tiene usted reloj? Sí, señor, yo tengo reloj.

1. ¿Qué hora es?
2. ¿Son las cuatro?
3. ¿Adelanta mucho su reloj de Ud. (your watch)?
4. ¿Anda bien el reloj?
5. ¿Cuándo (when) empieza usted a trabajar en la mañana?
6. ¿Comienza usted a trabajar a las once (eleven)?

II

Spanish Proverb: "Quien mucho duerme, poco aprende"
(He who sleeps much learns little)

39

VOCABULARIO
Pronounce aloud:

la fruta	*fruit*	que se llama	*that is called or*
hay mucha fruta	*there is much*		*named*
	fruit	el mango	*a delicious Mexi-*
para la salud	*for the health*		*can fruit*
muy sabrosa	*very tasty*	comen	*they eat*
clases de	*kinds of*	les gusta mucho	*they like very*
limones	*lemons*		*much*
naranjas	*oranges*	una docena	*a dozen*
manzanas	*apples*	vale	*is worth, costs*
plátanos	*bananas*	veinte y cinco	*twenty-five cents*
dátiles	*dates*	centavos	

Read aloud:

La Fruta

1. En México hay mucha fruta. 2. La fruta es muy buena para la salud. 3. Es muy sabrosa. 4. Hay muchas clases de frutas. 5. Hay limones, naranjas, manzanas, plátanos, y dátiles. 6. Hay también una fruta que se llama mango. 7. Los mangos son muy sabrosos. 8. Los mexicanos comen mucha fruta. 9. Les gusta mucho la fruta. 10. En México una docena de plátanos vale veinte y cinco centavos.

Repeat the following questions aloud and answer in Spanish:

Example: ¿Hay mucha fruta en México? *Answer:* Sí, señor, hay mucha fruta en México.

1. ¿Es buena la fruta?
2. ¿Es sabrosa la fruta?
3. ¿Hay muchas clases de fruta en México?
4. ¿Qué clases de fruta hay?
5. ¿Qué es el mango?
6. ¿Comen mucha fruta los mexicanos?
7. ¿Les gusta (do they like) la fruta?
8. ¿Cuánto vale (how much is) una docena de plátanos en la Ciudad de México?

LECCION QUINCE
Lesson Fifteen
I

VOCABULARIO

Pronounce aloud:

las flores	*the flowers*	no cuestan	
verdadero	*true, real*	mucho	*do not cost much*
el país	*the country*	de todas clases	*of all kinds*
muchísimas	*very many*	todos los colores	*all colors*
jardines flotantes	*Floating Gardens*	vistosas	*brilliant*
de Xochimilco	*of Xochimilco,*	rosas	*roses*
	pronounced	lirios	*lilies*
	(sō-chēē-meal-	margaritas	*daisies*
	ko) a beautiful	violetas	*voilets*
	place near	se venden	*they are sold*
	Mexico City	muy baratas	*very cheap*
cerca de	*near*	mercados de	
		flores	*flower markets*

Read:

Las Flores

1. México es el verdadero país de las flores. 2. Hay muchísimas flores en México. 3. En los jardines flotantes de Xochimilco, cerca de la capital, hay flores de todas clases. 4. Las flores son de todos colores. 5. Son muy vistosas. 6. Hay rosas, lirios, margaritas, violetas. 7. Se venden muy baratas. 8. No cuestan mucho. 9. Pero son muy bonitas. 10. En la Ciudad de México hay grandes mercados de flores.

Answer in Spanish:

Example: ¿Es México el país de las flores? *Answer:* Sí, señor, México es el país de flores.

1. ¿Hay muchas flores en México?

2. ¿ Dónde hay flores de todas clases?
3. ¿ Dónde está Xochimilco?
4. ¿ De qué colores son las flores?
5. ¿ Qué clases (what kinds) de flores hay?
6. ¿ Se venden muy baratas?
7. ¿ Son bonitas las flores?
8. ¿ Hay mercados de flores en México?

II

Spanish Proverb: "No hay atajo sin trabajo."
(There are no gains without pains.)

VOCABULARIO

Pronounce:

la carta	*the letter*
la ropa	*the clothes*
un joven	*a young man*
escribe	*he writes*
siguiente	*following*
Nueva York	*New York*
la calle	*the street*
¡ que país tan encantador!	*what an enchanting country!*
tendrá que visitarlo	*you will have to visit it*
lo más pronto posible	*as soon as possible*
mi traje obscuro	*my dark suit*
mi gabán ligero	*my top coat*
¡ ojalá que estuviera aquí conmigo!	*how I wish you were here with me!*
México, D. F.	*Mexico, Federal District*
el año que viene	*next year*
el clima	*the climate*
magnífico	*wonderful*
el verano	*the summer*
no puede usar	*cannot wear*
ropa blanca de verano	*white summer clothes*
países tropicales	*tropical countries*
ropa como para la primavera	*spring clothes*
hágame el favor	*please*
de mandarme	*to send me*
por correo	*by mail*

Read the following in Spanish:

La Carta y la Ropa

Un joven de los Estados Unidos está en la Ciudad de México. Escribe la carta siguiente a su amigo que está en Nueva York:

> Calle del Carmen, 100
> Colonia del Valle
> México, D. F.
> 15 de junio de 19—

Mi querido amigo,

!Qué país tan encantador es México! Usted tendrá que visitarlo el año que viene. El clima es magnífico. No hace calor aquí en el verano. Uno no puede usar ropa blanca de verano como en los países tropicales. Se usa aquí en el verano ropa como para la primavera en Nueva York. Hágame el favor de mandarme por correo lo más pronto possible mi traje obscuro y mi gabán ligero. ¡Ojalá que estuviera aquí conmigo!

> Como siempre,
> Su amigo,
> Carlos.

Answer in Spanish the following questions:

Example: ¿Dónde está el joven? El joven está en México.

1. ¿Qué hace (does) el joven?
2. ¿A quién (to whom) escribe la carta?
3. ¿Qué clase de clima tiene la Ciudad de México en el verano?
4. ¿Hace mucho calor?
5. ¿Se puede usar (can one wear) ropa ligera como en los países tropicales?
6. ¿Qué clase de ropa se usa en México en verano?
7. ¿Cuándo quiere el joven (when does the young man want) su traje obscuro?
8. ¿Cómo (how) va a mandárselo su amigo (is his friend going to send it to him)?

Note: Before beginning the study of formal grammar in the next part of the text, the student is urged to review the first five lessons on pronunciation and lessons six to fifteen inclusive on vocabulary building, easy reading, and speaking. Review is very important in the study of a modern language. Whenever possible, pronounce and read aloud (en voz alta). This is good *ear* training. If at all possible, study with some student friend. The primary purpose of language is to *communicate ideas*. Therefore, at every opportunity, *practice speaking Spanish.*

PARTE TERCERA DEL TEXTO
(Third Part of the Text)

ESENCIALES DE GRAMÁTICA
(Minimum Essentials of Grammar)

LECCION DIEZ Y SEIS
Lesson Sixteen

1

After having studied and reviewed fifteen lessons dealing with pronunciation, vocabulary building, easy reading, and practical spoken Spanish, the student is now ready for a consideration of Spanish grammar. We shall not consider every detail of grammar. It is the purpose of the author to present to the student only the minimum essentials as these bear directly on the practical and daily use of the Spanish language. Looked upon in this light, the study of grammar becomes more pleasant and certainly more profitable. At the end of the discussion of each point of grammar, and after the examples, a practical rule is given, followed by a short reading exercise illustrating fundamental grammatical principles.

Each of the following ten lessons contains a short, humorous Spanish anecdote, which furnishes interesting material for both reading and conversation. In this section of the book the reading material emphasizes Spain, Central America, and South America.

LA GRAMÁTICA
(Grammar)

1. *Gender.* In Spanish every noun is considered of masculine or feminine gender. Except in the case of men and animals, this has nothing to do with sex.

> Examples:
> El libro (book) is masculine
> La mesa (table) is feminine

Practical rule:

> In general, words ending in "o" are masculine; words ending in "a" are feminine. There are a few exceptions such as "el agua" (water), masculine; "la mano" (hand), feminine; "el hacha" (ax), masculine; "el drama," (drama) masculine.

2. *Definite Articles.* In Spanish the definite articles for the masculine singular and plural are "el" and "los"; for the feminine, "la" and "las". The definite articles are used much more in Spanish than in English.

Examples:

> el hombre (the man)   los hombres (the men)
> la mujer (the woman)   las mujeres (the women)

Practical rule:

> Masculine definite articles in Spanish are: "el" and "los."
> Feminine definite articles are: "la" and "las."

3. *Indefinite Articles.* In Spanish the indefinite articles for the masculine singular and plural are "un" and "unos"; for the feminine, "una" and "unas."

Examples:

> un hombre (a man)   unos hombres (some men)
> una mujer (a woman)   unas mujeres (some women)

Practical rule:

> Masculine indefinite articles in Spanish are: "un" and "unos."
> Feminine indefinite articles are: "una" and "unas."

4. *Personal Pronouns (Subjects).* The following are the personal pronouns used as subjects of the verb in Spanish:

Singular	Plural
yo (I)	nosotros, nosotras (we)
tú (you)	vosotros, vosotras (you)
usted (you)	ustedes (you)

él (he)   ellos (they) masculine
ella (she)   ellas (they) feminine

NOTE: The second person forms, "tú" and "vosotros" are used only with intimate friends, members of the household, servants, children, animals, and in addressing the Deity, as in prayer. For all practical purposes the student learning Spanish should never use these forms, but should use the forms "usted" and "ustedes" for English "you" singular and plural.

Practical rule:

> The student of Spanish should use the forms "usted" (Ud.) and "ustedes" (Uds.) rather than the forms "tú" and "vosotros" for English "you."

Read in Spanish and translate only when absolutely necessary:

El Muchacho

Yo soy un muchacho. Yo vivo en España. Usted no vive en España. Ud. vive en los Estados Unidos. Yo tengo cuatro hermanos (brothers and sisters.) Ellos viven en España también. El hombre que está aquí (here) es mi padre. La mujer que está aquí es mi madre. Los hermanos no están aquí. Están en Madrid, capital de la república española. Yo estoy aquí en Nueva York con mis padres (with my parents). Yo soy un muchacho bueno. ¿Es Ud. un buen muchacho?

NOTE: Now and then the student will do well to translate an entire passage into free, idiomatic English as a *check* on his knowledge of Spanish.

II

VOCABULARIO

Pronounce aloud:

un conocido	*an acquaintance*
entra en	*he goes into*
un andaluz	*an Andalusian, native of Andalucía, Spain*
pide de comer	*asks for something to eat*
a la mitad	*about the middle*

VOCABULARIO *(Continuado)*

le dice al mozo	*he says to the waiter*
yo te conozco	*I know you*
tu cara	*your face*
no me es desconocida	*is not altogether unknown to me*
pero	*but*
no recuerdo	*I do not remember*
donde te he visto	*where I have seen you*
no sé	*I do not know*
responde el mozo	*answers the waiter*
no tengo el honor	*I haven't the honor*
de conocer a Ud.	*of knowing you*
ah, sí	*ah! yes!*
ya recuerdo	*now I remember*
tú eres	*you are (familiar form)*
el que	*the one who*
me ha servido la sopa	*served me the soup (at start of the meal)*

NOTE: All *new* tenses which appear in the vocabularies are translated as they appear. In succeeding lessons these tenses are fully explained. This is in line with the main object of the text—to present simple reading *before* formal grammar.

Read in Spanish:

Un Conocido

Entra un andaluz en un café y pide de comer. A la mitad de la comida le dice al mozo:

—Yo te conozco. Tu cara no me es desconocida; pero no recuerdo donde te he visto.

—No sé, responde el mozo, no tengo el honor de conocer a Ud.

—¡Ah, sí, hombre, ya recuerdo! Tú eres el que me ha servido la sopa. (1)

Answer the following questions aloud in Spanish:

1. ¿En dónde entra un andaluz?
2. ¿Qué pide el andaluz?
4. ¿Qué responde el mozo?
3. ¿Qué dice el andaluz al mozo (to the waiter)?
5. ¿Tiene el mozo el honor de conocer al andaluz?
6. ¿Quién era (who was) el mozo?

(1) This anecdote and those used in the following lessons are taken with the permission of author and publishers from a collection entitled *"Anécdotas Españolas"* by P. W. Harry and published by Allyn and Bacon.

LECCION DIEZ Y SIETE
(Lesson Seventeen)

I

5. *Plurals of Nouns and Adjectives.* In Spanish the plurals of nouns and adjectives whose singulars end in a vowel are formed by adding "s" to the singular.

Examples:

| libro (book) | libros (books) |
| bueno (good) | buenos (good) |

The plurals of nouns and adjectives ending in a consonant are formed by adding "es" to the singular.

Examples:

| reloj (watch) | relojes (watches) |
| fácil (easy) | fáciles (easy) |

Practical rule:

Add "s" to form the plural of a word ending in a vowel; add "es" to form the plural of a word ending in a consonant.

6. *Present Tense of Regular Verbs.* The infinitive form of a regular first conjugation verb in Spanish ends in "ar."

Present tense of *hablar* (to speak) { hablando (speaking) / hablado (spoken)

yo hablo (I speak)
tú hablas
Ud., él, ella, habla (you speak, he, she speaks)
nosotros hablamos (we speak)
vosotros habláis
Uds., ellos, ellas, hablan (you, they speak)

The infinitive form of a regular second conjugation verb ends in "er."

Present tense of *comer* (to eat) $\begin{cases} \text{comiendo (eating)} \\ \text{comido (eaten)} \end{cases}$

yo como (I eat)
tú comes
Ud., él, ella come (you eat, he, she eats)
nosotros comemos (we eat)
vosotros coméis
Uds., ellos, ellas comen (you, they eat)

The infinitive form of a regular third conjugation verb ends in "ir."

Present tense of *vivir* (to live) $\begin{cases} \text{viviendo (living)} \\ \text{vivido (lived)} \end{cases}$

yo vivo (I live)
tú vives
Ud., él, ella vive (you live, he, she lives)
nosotros vivimos (we live)
vosotros vivís
Uds., ellos, ellas, viven (you, they live)

NOTE: The forms *usted* and *ustedes* (Ud. and Uds.) English "you" (singular and plural), take the *third* person verb form in Spanish.

Read in Spanish:

El Español

El español es una lengua hermosa (a beautiful language). Yo hablo español. ¿Habla Ud. español? Mis amigos hablan español e inglés. Ellos viven en Sud América. Hay mucha fruta en Sud América. Mis amigos comen mucha fruta. Les gusta la fruta. También les gusta hablar (they like to speak) español. Dicen (they say) que el español es el idioma (the language) más hermoso del mundo (most beautiful in the world).

NOTE: The teacher should ask simple questions in Spanish based on the above exercise.

II

VOCABULARIO

Pronounce aloud:

el niño	*the child, boy*
holgazán	*lazy*
para quitar	*to take away*
la pereza	*laziness*
a un niño	*from a child*
le decía	*he said to him*
su	*his*
uno	*one, a person*
que madrugó mucho	*who got up very early*
halló	*he found*
un bolsillo	*a pocketbook, purse*
en el camino	*on the road*
padre	*father*
contestó el muchacho	*answered the boy*
más debió madrugar	*he should have gotten up earlier*
el que lo perdió	*the fellow who lost it*

Read in Spanish:

El Niño Holgazán

Para quitar la pereza a un niño, le decía su padre:

—Uno que madrugó mucho halló un bolsillo en el camino.

—Padre, contestó el muchacho, más debío madrugar el que lo perdió.

Answer in Spanish:

1. ¿Qué clase (what kind) de niño es el muchacho en este cuento (in this story)?
2. ¿Qué le decía su padre?
3. ¿Por qué (why) le decía esto (this) su padre?
4. ¿Qué halló una persona?
5. ¿Dónde lo halló (where did he find it)?
6. ¿Qué contestó el muchacho a su padre?

LECCION DIEZ Y OCHO
(Lesson Eighteen)
I

7. *Agreement of Adjectives.* In Spanish an adjective must always agree in gender and number with the noun which it modifies.

Examples:

el caballo negro (the black horse)
los caballos negros (the black horses)
la casa blanca (the white house)
las casas blancas (the white houses)

A few adjectives do not change form for masculine or feminine, such as "grande," "verde," etc.

Examples:

la casa grande (the large house)
el río grande (the large river)
la hierba verde (the green grass)
el papel verde (the green paper)

Practical rule:

Spanish adjectives agree in gender and number with the nouns they modify. (When speaking or writing Spanish, always check this agreement of adjectives).

8. *Position of Adjectives.* Descriptive adjectives usually *follow* the nouns which they modify.

Examples: (See also examples in No. 7.)

la mesa verde (the green table)
el camino largo (the long road)

Some short forms of adjectives may come *before* the noun, in which cases the meaning is often changed.

Examples:

el gran general (the great general)
el general grande (the large (big) general)

Practical rule:

> In general the student is safe in placing an adjective in Spanish *after* the noun it modifies.

Demonstrative adjectives, such as *este, ese, aquel, esta, esa, aquella* (this, that, that yonder) and their plurals regularly *precede* the nouns they modify.

Read in Spanish:

La Casa Grande

Vivimos (we live) en una casa grande. La casa es blanca. Es una casa blanca. En el patio hay grandes árboles negros. También hay hierba verde y muchas flores bonitas. Mi padre es gran hombre y vive en la casa grande. En el corral mi padre tiene muchos caballos grandes y buenos. Esta casa es grande. Aquella casa es pequeña (small).

II

VOCABULARIO

Pronounce aloud the following:

el convidado	*the guest*
un hombre	*a man*
muy rico	*very rich*
más ordinario todavía	*more common still*
está convidado	*is invited*
amigo	*friend*
Angelita	*Angelita*
niña de cinco años	*little five-year-old girl*
cuando	*when*
en la boca	*in my mouth*
lo mira	*looks at him*
con curiosidad	*with curiosity*
y le dice	*and says to him*
yo quisiera	*I should like*
ser usted	*to be you*
¿ por qué?	*why?*
hija mía	*my little one*
porque	*because*

VOCABULARIO *(Continuado)*

así	*thus*
papá	*papa*
no me tiraría	*would not pull me*
de las orejas	*by the ears*
me meto el cuchillo	*when I stick my knife*

Read in Spanish:

El Convidado

Un hombre muy rico, pero más ordinario todavía, está convidado en casa de un amigo. Angelita, niña de cinco años, lo mira con curiosidad y le dice:

—Yo quisiera ser usted.

¿Por qué, hija mía?

Porque así papá no me tiraría de las orejas cuando me meto el cuchillo en la boca.

Answer in Spanish:

1. ¿Es rico el hombre?
2. ¿Es ordinario?
3. ¿Dónde está el hombre?
4. ¿Cómo se llama la niña?
5. ¿Cuántos años tiene la niña?
6. ¿Qué dice la niña al convidado?
7. ¿Qué responde el hombre rico?
8. ¿Entonces (then) qué dice la niña al hombre rico?

LECCION DIEZ Y NUEVE
(Lesson Nineteen)

I

9. *"Ser"* and *"estar."* In Spanish there are two verbs which are used for the English verb *"to be."* These two verbs are "ser" and "estar."

In the present tense *"ser"* is conjugated:

yo soy (I am)	nosotros somos (we are)
tú eres (you are)	vosotros sois (you are)
Ud., él, ella es (you, he, she is)	Uds., ellos son (you, they are)

In the present tense *"estar"* is conjugated:

estoy (I am)	estamos (we are)
estás (you are)	estáis (you are)
está (he is)	están (they are)

NOTE: "Está" and "están" are used with "Ud." and "Uds."

In practical usage these verbs are fundamentally different:

"Ser" is used to indicate *permanent* or *inherent* qualities or conditions, materials of which a thing is made, ownership, and profession.

Examples:

Yo *soy* hombre (I am a man)
El libro *es* de papel (The book is (made) of paper)
El sombrero *es* de Juan (The hat is John's)
Mi padre *es* médico (My father is a doctor)

"Estar" is used to indicate *temporary* qualities or conditions, location, and progressive action of the verb.

Examples:

Yo *estoy* enfermo (I am sick)
Buenos Aires *está* en la Argentina (Buenos Aires is in Argentina)
*Esto*y escribiendo una carta (I am writing a letter)

Practical rule:

"Ser" is used, in general, to denote *permanent* or *inherent* qualities. "Estar" is used to indicate *temporary* qualities or conditions, and *location*.

NOTE: The student should carefully study these two verbs with the above rule in mind.

Read in Spanish:

El Brasil

El Brasil es un país grande en Sud América. Es muy grande. Está en la América del Sur. La Ciudad de Río de Janeiro está en el Brasil. Mi amigo es médico y está ahora en Río. Yo voy a hacer un viaje (I am going to take a trip) a Sud América. Pero no puedo ir (I cannot go) ahora porque estoy enfermo.

II

Pronounce the following:

el pintor	*the painter*
realista	*realistic*
mandó	*(he) ordered*
un señor	*a gentleman*
a su pintor	*to his painter*
que le hiciese	*that he should make* (*paint*) *for him*
un **cuadro**	*a picture*
figurando	*featuring*
un castillo	*a castle*
con	*with*
un perro	*a dog*
en la **boca**	*in his mouth*
ladrando	*barking*
a la puerta	*at the door*
llevóselo	*he brought it to him*
y	*and*
dijo	*(he) said*
el **caballero**	*the gentleman*
este	*this*
no ladra	*is not barking*
picado	*angered*
respondió	*answered*
es la hora de comer	*it is meal time*
tendrá algún hueso	*he probably has a bone*

Read the following anecdote:

El Pintor Realista

Mandó un señor a su pintor que le hiciese un cuadro figurando un castillo con un perro ladrando a la puerta. Llevóselo el pintor, y dijo el caballero:

—Este perro no ladra.

Picado, el pintor respondió:

—Es la hora de comer y tendrá algún hueso en la boca.

Answer in Spanish:

1. ¿Qué clase de pintor es éste (this one)?
2. ¿Qué mandó un señor?
3. ¿Qué figura en el cuadro?
4. ¿Lo pintó el artista (Did the artist paint it)?
5. ¿Qué dijo el caballero?
6. ¿Ladra el perro a la puerta del castillo?
7. ¿Qué respondió el pintor?
8. ¿Por qué (why) no ladra el perro?
9. ¿Qué hora es?
10. ¿Tiene el perro un hueso (a bone) en la boca?

LECCION VEINTE
(Lesson Twenty)

I

10. *Object Pronouns.* In Spanish there are certain forms for the indirect and direct object pronouns which should be mastered.

A. The *indirect* object pronouns corresponding to the personal pronoun subjects are:

> Me (to me, for me)
> te (to you, for you)
> le, se (to or for you, him, her)
> (*se* is used for *le* when two objects in the same sentence are in the third person, as, "Se lo doy," "I give it to him.")
> nos (to us, for us)
> os (to you, for you)
> les, se (to or for you, them)

Examples:

Me da el libro	*he gives me the book*
Le da el libro	*he gives (you, him or her) the book*
Nos dan los libros	*they give us the books*
Les dan los libros	*they give (you, them) the books*

B. The *direct* object pronouns corresponding to the personal pronoun subjects are as follows:

Me (me)	nos (us)
te (you)	os (you)
le, la, lo (him, her, it)	les, las, los (them, them, them)

Examples:

Me llama (from llamar, to call)	*he calls me*
Le llama	*he calls him*
La llama	*he calls her*
Lo llama	*he calls it*

C. Position of pronoun objects:

The pronoun objects *precede* the verb (except in the case of the infinitive, present participle, and the imperative), the order being: indirect object, direct object, verb.

Examples:

me lo da	*he gives it to me*
	(literally, to me it he gives)
dármelo	*to give it to me*
dándomelo	*giving it to me*
démelo	*give it to me*

Practical rule:

Pronoun objects regularly come immediately before the verb in the sentence. If two pronoun objects come in the same sentence, the order is then: indirect object, direct object, and then the verb.

NOTE: Demonstrative pronouns, such as éste (this), aquél (that one), éstos (these), aquéllos (those) are formed by placing a written accent on the same demonstrative adjectives.

Read aloud in Spanish and translate, if necessary:

El Libro de Texto

Usted tiene mi libro de texto. Es un libro acerca de (about) la América Central. El profesor me da el libro. Me lo da. Yo lo doy a Ud. Yo se lo doy. El me lo da a mí. Ahora yo tengo el libro. Ahora Ud. tiene el libro. Démelo. Este es mi libro. Aquél es de Ud.

Pronounce aloud:

VOCABULARIO

¡que torpe!	*how stupid!*
un francés	*a Frenchman*
de los que	*of those who*
se quedaron	*remained*
en España	*in Spain*
en tiempo de	*at the time of*
la guerra	*the war*
de la independencia	*of the independence*
que	*that, who*
no sabía hablar	*did not know how to speak*
una palabra	*a word*
en español	*in Spanish*
lengua	*tongue*
tan fácil	*such an easy*
dijo	*said*
a	*to*
compatriota	*fellow countryman*
que acababa de llegar	*who had just arrived*
de Francia	*from France*
no te puedes figurar	*you can't imagine*
lo torpe	*how stupid*
esa gente	*these, those people*
hace cuarenta años que estoy en españa	*I have been in Spain for forty years*
y no he podido conseguir	*and I haven't been able to succeed*
que aprendan el francés	*in making them learn French*

Read:

Que Torpe

Un francés de los que se quedaron en España en tiempo de la guerra de la Independencia y que no sabía hablar una palabra en español, dijo a un compatriota que acababa de llegar de Francia:

—No te puedes figurar lo torpe que es esa gente. Hace cuarenta años que estoy en España, y no he podido conseguir que aprendan el francés, que es una lengua tan fácil.

Repeat the questions aloud and answer in Spanish:

1. ¿Dónde estuvo (where was) el francés?
2. ¿Se quedó el francés en España?
3. ¿En qué tiempo se quedó (did he remain) en España?
4. ¿Sabía hablar (did he know how to speak) español?
5. ¿Qué dijo el francés (what did the Frenchman say) a un compatriota?
6. ¿De dónde vino (from where came) el compatriota?
7. ¿Por cuánto tiempo había estado (had he been) el francés en España?
8. ¿Es el idioma (language) francés una lengua fácil?

NOTE: Before going further into the study of grammar, the student should review very carefully all preceding lessons in the text. A *systematic* review is extremely valuable in language study. In his reviews, the student should always pronounce *aloud*. This practice will tend to develop fluency in spoken Spanish.

LECCION VEINTE Y UNO
(Lesson Twenty-One)

I

11. *Possessives.*

A. Simple possession is expressed in Spanish by the use of the preposition *de* (of) and a noun. The English *'s* is never used in Spanish.

Examples:

El sombrero es de Juan (The hat is John's)
El libro es de María (It is Mary's book)

B. Possessive adjectives.

Spanish possessive adjectives which *precede* the noun are as follows:

mi (my)	nuestro-a (our)
tu (your)	vuestro-a (yours)
su (your, his, her)	su (their, your)

Plurals to the above are: mis, tus, sus, nuestros-as, vuestros-as, sus.

Examples:

mi libro (my book)
mis libros (my books)
su libro (his, her, your, book)
nuestras plumas (our pens)
sus plumas (their pens)

There are also other forms of possessive adjectives which *follow* the noun, such as

mío, tuyo, suyo, nuestro, vuestro, suyo
míos, tuyos, suyos, nuestros, vuestros, suyos.

The feminine to the preceding adjectives is formed by changing the *o* endings to *a*.

Examples:

el libro mío (my book)
el libro suyo (your, his, her, their book)
los libros nuestros (our books)
las plumas nuestras (our pens)—feminine plural

C. Possessive pronouns.

Possessive pronouns are formed by placing the definite article before the adjective forms which *follow* the nouns.

Examples:

el mío (mine)—la mía
el suyo (your, his, her, their)—la suya
el nuestro (our)—la nuestra

Practical rule:

Possessive adjectives and pronouns must always agree in gender and number with the thing possessed. (The student should note this great difference from English usage.)

Read in Spanish:

Nuestro Viaje

Quiero contarle a Ud. (I want to tell you) de nuestro viaje a la América del Sur. Fué (it was) un viaje muy agradable pero muy largo. Mi amigo viaja con nosotros. El Chile es su país nativo. Es la tierra suya. No es la mía. Yo vivo en los Estados Unidos. Pero me gusta mucho Sud América.

NOTE: The teacher should ask easy questions in Spanish based on the above exercise.

II

Pronounce:

VOCABULARIO

el enfermo	*the sick man*
imaginario	*imaginary*
envió a llamar	*sent for, sent to call*
médico	*doctor*
para que le curara	*in order to cure him*
de su mal	*of his sickness, disease*
que era	*which was*
venido	*having come*
le tomó el pulso	*he took his pulse*
miró la lengua	*looked at his tongue*
le preguntó	*asked him*
que era	*what it was*
lo que sentía	*that hurt him*
viendo que	*seeing that*
estaba bueno	*he was well, of sound health*
le dijo	*he said to him*
según todas las apariencias	*according to all appearances*
¿Come Ud. bien?	*Do you eat well? (good appetite?)*
Sí, señor	*yes, sir*
¿Duerme Ud. bién?	*Do you sleep well?*
Bién	*all right*
Voy a recetarle	*I am going to prescribe*
una medicina	*a medicine*

VOCABULARIO *(Continuado)*

con que Ud. pierda todo eso	*so that you will lose all that*
pura aprensión	*purely fear, apprehension.*

Read:

El Enfermo Imaginario

Un hombre muy rico envió a llamar al médico para que le curara de su mal, que era pura aprensión. Venido el médico, le tomó el pulso, miró la lengua, le preguntó que era lo que sentía, y viendo que estaba bueno, según todas las apariencias, le dijo:

—¿Come Ud, bién?

—Sí, señor.

¿Duerme Ud. bién?

—Sí, señor.

—Bién,—dijo el médico,—voy a recetarle a Ud. una medicina con que Ud. pierda todo eso.

Answer in Spanish:

1. ¿Estuvo enfermo (was he sick) el hombre?
2. ¿Era rico el hombre?
3. ¿Vino (did he come) el doctor?
4. ¿Qué hizo (what did he do) el médico?
5. ¿Estaba bueno el hombre rico?
6. ¿Come bien el hombre?
7. ¿Duerme bien?
8. ¿Qué clase de medicina va a recetarle el médico?

LECCION VEINTE Y DOS
(Lesson Twenty-Two)

12. *Imperfect tense of verbs.*

The imperfect tense of the regular verbs of the first conjugation is as follows:

hablar

hablaba	*I was speaking*	hablábamos	*we were speaking*
(hablabas)	*you were speaking*	(hablabais)	*you were speaking*
hablaba	*he was speaking*	hablaban	*they were speaking*

NOTE: The student must remember that "Ud." and "Uds." always take the 3rd person verb forms throughout all conjugations in Spanish.

The imperfect tense of the regular verbs of the second and third conjugation is as follows:

Comer

comía	*I was eating*	comíamos	*we were eating*
(comías)	*you were eating*	(comíais)	*you were eating*
comía	*he was eating*	comían	*they were eating*

vivir

vivía	*I was living*	vivíamos	*we were living*
(vivías)	*you were living*	(vivíais)	*you were living*
vivía	*he was living*	vivían	*they were living*

The imperfect is used to express *incomplete, continued* or *habitual* action in the past.

Examples:

El muchacho hablaba español (The boy was speaking Spanish)
La muchacha comía en el café (The girl used to eat in the cafe)
Los muchachos vivían en el campo (The children used to live in the country)

13. *The Preterite (Past absolute) tense of verbs.*

The preterite tense of a first conjugation regular verb is as follows:

hablar

hablé	*I spoke, did speak*	hablamos	*we spoke, did speak*
(hablaste)	*you spoke, did speak*	(hablasteis)	*you spoke, did speak*
habló	*he spoke, did speak*	hablaron	*they spoke, did speak*

The preterite tense of second and third conjugation verbs is as follows:

comer

comí	I ate, did eat	comimos	we ate, did eat
(comiste)	you ate, did eat	(comisteis)	you ate, did eat
comió	he ate, did eat	comieron	they ate, did eat

vivir

viví	I lived, did live	vivimos	we lived, did live
(viviste)	you lived, did live	(vivisteis)	you lived, did live
vivió	he lived, did live	vivieron	they lived, did live

NOTE: Special attention is called to the written accents in the imperfect and preterite tenses. Stress of the voice must be placed where the written accent falls.

The preterite tense is used to express *completed, finished* action in the past.

Examples:

> Hablé con mi padre (I spoke, I did speak, with my father)
> El niño comió la manzana (The child ate the apple)
> Mis padres vivieron en Sud América (My parents did live (once) in South America)

Practical rule—Imperfect and Preterite Tenses:

> Be careful to use the *imperfect* tense to express *continued* action in the past. Use the *preterite* tense to express *completed* action in the past. The English "did" is a certain indication for the use of the preterite tense. A single example will suffice to show clearly the difference between the use of the imperfect and the preterite tenses:

> El profesor hablaba (imperfect) español cuando el muchacho entró (preterite) en la sala de clase.
> (The professor was speaking Spanish when the boy came into the classroom)

Read in Spanish and translate, if necessary:

En la Argentina

Un norte-americano llegó por el vapor a la ciudad de Buenos Aires. Estuvo en la Argentina muchos días. Le gustó mucho la gran ciudad de Sud América. Un día estaba en un café cuando entró un amigo suyo de Nueva York. Los dos amigos hablaron mucho de las dos Américas.

II

Pronounce aloud:

VOCABULARIO

el mechón	*the lock of hair*
blanco	*white*
un caballero	*a gentleman*
contaba	*was telling*
una aventura amorosa	*a love adventure*
de su juventud	*of his youth*
y le enseñó	*and he showed him*
una trenza	*a lock (of hair)*
de pelo	*of hair*
conservada	*kept, guarded*
cuidadosamente	*carefully*
en una cajita	*in a little box*
éste	*this*
primer amor	*first love*
pero si está	*but it is*
completamente blanco	*entirely gray, white*
¡ hombre!	*man!*
¡ por Diós!	*for goodness sake!*
ha encanecido	*it has turned white*
con los años	*with the years (with age)*

Read in Spanish:

El Mechón Blanco

Un caballero contaba a un amigo suyo una aventura amorosa de su juventud, y le enseñó una trenza de pelo conservada cuidadosamente en una cajita.

—Este es un mechón de mi primer amor.

—Pero si está completamente blanco!

—Hombre, por Diós, ha encanecido con los años!

Answer in Spanish:

1. ¿ Qué contaba un caballero a su amigo?
2. ¿ Qué enseñó a su amigo el caballero?
3. ¿ Dónde tenía conservada la trenza de pelo?

4. ¿ Fué (was it) un mechón de su primer amor?
5. ¿ Estaba blanco o negro (white or black) el mechón?
6. ¿ Qué dijo al fin (finally) a su amigo el caballero?

LECCION VEINTE Y TRES
(Lesson Twenty-Three)

I

14. *Reflexive Verbs.*

When the action of a verb reflects back upon the subject, then we have a case of the same person as both subject and object. Such verbs are called *reflexive*. The conjugation of a reflexive verb is the same as that of a regular verb of the same conjugation except that the pronoun objects *me, te, se, nos, os, se* are placed between the pronoun subject and the verb form. The sign of a reflexive verb is *se* added to the infinitive.

Example:

levantarse (to get up)

Yo me levanto (I get up, I get myself up)
tú te levantas
Ud., él, ella, se levanta (you, he, she, gets up)
nosotros nos levantamos (we get up)
vosotros os levantáis
Uds., ellos, se levantan (you, they, get up)

1. Yo me levanto temprano en la mañana (I get up early in the morning)
2. Ellos se lavan la cara (they wash their faces)

Practical Rule:

In conjugating a reflexive verb, place the pronouns *me, te, se, nos, os, se* between the subject and the verb form.

15. *Interrogatives.*

The usual form in asking a question in Spanish is simply to place the verb *before* the subject; in other words, reverse the order of subject and verb.

Example:

Usted habla español (you speak Spanish)
¿Habla usted español? (Do you speak Spanish?)

There are several purely interrogative words, such as:

¿Qué (what?)   ¿Cuándo? (when?)
¿Cómo? (how?)   ¿Cuánto? (how much?)
¿Cuál? (which?)   ¿Dónde? (where?)

These interrogative words come first in the sentence.

Example:

¿Cómo está Ud.? (How are you?)

Practical rule:

To ask a question in Spanish, reverse the order of subject and verb. Interrogative words come first in the sentence.

16. *Passive Voice.*

The *regular* passive voice in Spanish is expressed with some form of the verb "ser" (to be) and the past participle of the main verb, as, for example, the following:

yo soy amado (I am loved)
Ud. es amado (you are loved)

More frequently, however, the passive voice is expressed with the use of the reflexive "se" with the third person of the verb:

Example:

La puerta es cerrada por el muchacho (regular passive)
(The door is closed by the boy)
La puerta se cierra
(The door is closed)

Practical rule:

The passive voice is expressed in Spanish by the use of some form of "ser" and the past participle of the main verb, or by the use of "se" with the third person of the verb.

17. *Future and Conditional Tenses of Regular Verbs.*

A. The future of all regular verbs in Spanish is formed by adding the following endings to the full infinitive form:

é	emos
ás	éis
á	án

Example:

hablar

hablaré	hablaremos
hablarás	hablaréis
hablará	hablarán

Comer and *vivir* are conjugated the same as *hablar.*

B. The conditional of all regular verbs in Spanish is formed by adding the following endings to the full infinitive form:

ía	íamos
ías	íais
ía	ían

Example.

hablaría	hablaríamos
hablarías	hablaríais
hablaría	hablarían

Comer and *vivir* are conjugated the same as *hablar.*

Read in Spanish:

En la Mañana

En la mañana me levanto temprano. Me lavo la cara y las manos. (I wash my face and hands.) Me visto. (I dress.) A las ocho se sirve el desayuno (at eight o'clock breakfast is served). Tomo (I eat) el desayuno y voy a la escuela (and go to school). Se levantará Ud. temprano mañana (will you get up early tomorrow)? Sí, señor, me levantaré temprano mañana.

II

Pronounce aloud:

VOCABULARIO

inglés	*an Englishman*
o	*or*

Vocabulario *(Continuado)*

irlandés	*an Irishman*
un caballero	*a gentleman*
tuvo necesidad	*needed, had need of*
un criado	*a servant*
fué a ofrecerle	*went to offer him*
sus servicios	*his services*
¿de qué país es Ud.?	*from what country are you?*
¿habría razón para decir?	*would there be any reason for saying*
le preguntó	*he asked him*
soy inglés	*I am an Englishman*
le dijo	*he said to him*
de que paraje	*from what part (of England)*
de Dublin	*from Dublin*
cómo puede Ud. decir	*how can you say*
que Ud. es inglés	*that you are English*
habiendo nacido	*having been born*
en Irlanda	*in Ireland*
si hubiese nacido	*if I had been born*
en una cuadra	*in a stable*
que yo era caballo	*that I was a horse*

Read carefully:

Inglés o Irlandés?

Un caballero tuvo necesidad de un criado, y un irlandés fué a ofrecerle sus servicios.

—¿De qué país es Ud.?—le preguntó.

—¿Soy inglés, le dijo.

¿De qué paraje?

—De Dublin.

—¿Cómo puede Ud. decir que Ud. es inglés habiendo nacido en Irlanda?

—Pero, señor, ¿si hubiese nacido en una cuadra habriá razón para decir que yo era un caballo?

Answer in Spanish:

1. ¿De qué tuvo necesidad un caballero?
2. ¿Quién (who) fué a ofrecerle sus servicios?
3. ¿Qué le preguntó el caballero al irlandés?

4. ¿Qué respondió el irlandés (what did the Irishman answer)?

5. ¿De dónde fué (from where was) el irlandés?

6. ¿Si hubiese nacido el irlandés en una cuadra habría sido (would he have been) un caballo?

LECCION VEINTE Y CUATRO
(Lesson Twenty-Four)

I

18. *Comparison of Adjectives and Adverbs.*

A. The regular comparison of adjectives in Spanish is as follows: *Más* placed before the positive (the simple adjective form) constitutes the *comparative* degree. The definite article placed before the comparative forms the *superlative* degree. There are a few adjectives which have also an irregular comparison. *tan . . . como* is the Spanish equivalent of *as . . . as.*

Example:

grande (large), más grande (larger), el más grande (the largest)

bueno (good), mejor (better), el mejor (the best)

El es tan grande como yo (He is as large as I)

B. The regular comparison of adverbs is as follows:

To form the comparative or superlative degrees, place *mas* before the positive. Adverbs are regularly formed from adjectives by adding *mente* to the feminine singular form of the adjective.

Example:

tarde (late), más tarde (later or latest)

rápida (rapid), rápidamente (rapidly)

Practical rule:

The comparative degree of adjectives is formed by placing *más* before the positive.

The comparative and superlative degrees of adverbs are formed by placing *más* before the positive.

19. *Practical Idioms with "tener" and "hacer."*

Some common and very practical idiomatic expressions employing the verbs *tener* (to have) and *hacer* (to make) are:

tener frío (to be cold)
tener calor (to be warm)
tener sed (to be thirsty)
tener razón (to be right)

Examples:

Yo tengo frío (I am cold)
El muchacho tiene hambre (The boy is hungry)
Tenemos razón (we are right)

hace frío (it is cold weather)
hace calor (it is hot)
hace sol (it is sunny)
hace muchos años (many years ago)

Examples:

Hace mucho frío hoy (It is very cold today)
Hace sol hoy (It is sunny today)
Lo escribí hace muchos años (I wrote it many years ago)

20. *Compound Tenses of Regular Verbs.*

The present perfect tense of the regular verbs *hablar, comer,* and *vivir* is formed by placing the present tense of the *auxiliary verb* *"haber"* (to have) *he, has, ha, hemos, habéis, han* before the past participles *hablado, comido, vivido.*

Examples:

He hablado, has hablado, ha hablado, etc. (I have spoken, etc.
He comido, has comido, ha comido, etc. (I have eaten, etc.)
He vivido, has vivido, ha vivido, etc. (I have lived, etc.)

Read in Spanish:

Mi Hermano (my brother)

Mi hermano es más grande que yo. Es la persona más grande la familia. Corre (he runs) más rápidamente que yo. Siempre lle (he arrives) a casa más tarde que yo. Cuando hace frío, mi herma no tiene mucho frío. Pero siempre tiene hambre. Hoy hemos comi mucho.

II

Pronounce aloud:

VOCABULARIO

en una fonda	*in an inn, cafe*
muchacho	*boy, waiter*
una polla asada	*a roasted or baked chicken*
no hay	*there is not any*
en ese caso	*in that case*
tráigame un besugo	*bring me a bream (fish)*
si no hay	*but there is not any*
entonces	*then*
tráigame un biftec	*bring me a beefsteak*
pues si no hay nada	*well, if there isn't anything*
¿ A qué poner?	*why put*
en la lista	*on the menu card*
tres platos a elección	*choice of three dishes*
y bien a elección	*certainly there is a choice*
a elección	*the choice*
del fondista	*of the inn-keeper*

Read:

En Una Fonda

—Muchacho, una polla asada.

—Señor, no hay pollas asadas.

—En ese caso, tráeme un besugo.

—Señor, si no hay besugos.

—Entonces, tráigame un biftec.

—Señor, no hay biftec.

—Pues, si no hay nada en esta fonda, ¿ a qué poner en la lista tres platos a elección?

—Y bien a elección . . . sí, señor, a elección . . . del fondista.

Answer in Spanish:

1. ¿ Dónde está un hombre?
2. ¿ Qué quiere el hombre (what does the man want)?
3. ¿ Hay pollas asadas en la fonda?
4. ¿ Hay besugo?
5. ¿ Hay biftec?

6. ¿Hay tres platos a elección en la fonda?
7. ¿Hay muchos platos en la fonda?
8. ¿Le gusta el hombre esa fonda?

LECCION VEINTE Y CINCO
(Lesson Twenty-Five)

I

21. *The Subjunctive Mode.*

A. The subjunctive mode, as its name implies, is *subjoined* to or depends upon something else. The subjunctive and its use in Spanish depends upon the presence of *doubt* or *uncertainty* in the main or independent part of the sentence. This element of doubt or uncertainty is an almost sure sign for the use of the subjunctive. That fact should always be borne in mind by the student.

B. Present subjunctive of regular verbs:
The present subjunctive of *ar* verbs ends in *e* as the key vowel:

hablar

hable, hables, hable, hablemos, habléis, hablen
(I may speak, you may speak, etc.)

The present subjunctive of *er* and *ir* verbs ends in *a* as the key vowel:

Comer

coma, comas, coma, comamos, comais, coman
(I may eat, you may eat, etc.)

Vivir

viva, vivas, viva, vivamos, viváis, vivan
(I may live, you may live, etc.)

C. Uses of the subjunctive:

1. As stated before, the main use of the subjunctive is to express doubt, uncertainty, hope, etc. The subjunctive is regularly introduced by *que*.

Examples:

> Dudo que mi amigo *esté* malo. (I doubt that my friend is (be) sick—*Doubt*.
>
> Espero que mi amigo no *esté* malo. (I hope that my friend is not sick)—*Hope, wish*.
>
> Quiero que Ud. *coma* conmigo. (I want you to eat with me)—*Wish*.

2. The subjunctive is also used to express strong emotion, as in:
   ¡Viva la república! Long live the Republic!

3. The *imperfect* subjunctive is used instead of the present subjunctive *after a past tense* in the main clause. There are two forms of the imperfect subjunctive, the *r* form and the *s* form.

For an *ar* verb: hablara or hablase (that I might speak, etc.)

For *er* and *ir* verbs: comiera or comiese; viviera or viviese.

Examples:

> Dudó que yo estuviese malo (he doubted that I was sick) —*Doubt*.
>
> Ojalá que tuviera dinero (oh, that I had money)—*Strong emotion*.

NOTE: The absolutely correct and complete use of the subjunctive mode will come only with long study and practice. However, enough has been given for purely practical purposes.

Practical rule:

The present subjunctive is used in the *dependent* clause whenever *doubt, uncertainty, contrariness to fact* is expressed in the main or independent clause, provided there is a change of subject.

22. *The Imperative Mode and the Present Subjunctive.*

The regular imperative in Spanish is expressed as follows:

> habla, hablad (speak!)
> come, comed (eat!)
> vive, vivid (live!)

However, polite commands, or the polite imperative, are always expressed with the present subjunctive.

Examples:

Hable Ud. (speak); coma Ud. (eat); viva Ud. (live), etc.
Negative commands are always expressed with the present subjunctive.

Examples:

No me hable (don't speak to me), etc.

Read in Spanish:

Mi Amigo

Mi amigo está en casa hoy. Espero que no esté enfermo. ¿Duda Ud. que esté en casa? Voy a ver a mi amigo (I am going to see my friend). Buenos días. ¿Cómo está, amigo? Tome su medicina, y no hable Ud. mucho. Coma Ud. solamente lo que permite el doctor (eat only what the doctor permits). ¡Ojalá que no estuviese enfermo! (Oh! that you were not sick).

II

Pronounce aloud:

VOCABULARIO

el eco maravilloso	*the marvelous echo*
hablando	*speaking*
un gracioso	*a witty fellow*
muy mentiroso	*much given to lying*
que regresaba	*who was coming back*
largo viaje	*long journey*
éste le refería	*the latter was telling him about*
que había oído	*that he had heard*
en varios países	*in various countries*
nunca ha dejado de responderme	*the echo never failed to answer me*
ruinas	*ruins*
un templo antiguo	*an ancient temple*
que repetía	*that repeated*
la misma palabra siete veces	*the same word seven times*
nada de admirable	*nothing wonderful*
nuestro bufón	*our jester*
en este país	*in this country*
sin ir más lejos	*without going further*

VOCABULARIO *(Continuado)*

hay un eco	*there is an echo*
lago	*lake*
donde . . . gritar	*where I often shout*
caballerito, ¿cómo está Ud.?	*my young fellow, how are you?*

Read aloud:

El Eco Maravilloso

Hablando un día un gracioso con un caballero muy mentiroso que regresaba de un largo viaje, éste le refería los ecos maravillosos que había oído en varios países, particularmente en las ruinas de un templo antiguo que repetía la misma palabra siete veces.

—¡Bah! Eso no tiene nada de admirable,—responde nuestro bufón:—aquí en este país, sin ir más lejos, hay un eco . . . pero, que eco! un eco en el castillo de un señor cerca del lago Killarney, donde me ha sucedido muy frecuentemente gritar:—Buenos días, señor eco; y nunca ha dejado de responderme:—Buenos días, caballerito, ¿cómo está Ud.?

Repeat the questions aloud and answer in Spanish:

1. ¿Con quién (with whom) hablaba un caballero un día?
2. ¿Qué refería al gracioso el caballero?
3. ¿Había oído (had he heard) un eco maravilloso?
4. ¿Dónde?
5. ¿Cuántas veces repetía el eco la misma palabra?
6. ¿Qué responde nuestro bufón?
7. ¿Qué grita al eco el bufón?
8. ¿Qué responde el eco maravilloso?

NOTE: Before going into the study of the next section of the text, which deals with verbs and practical idiomatic expressions, the student should make a thorough, systematic review of the first twenty-five lessons in the book. Such a review will aid the student to fix in his mind and retain what he has learned. Do not forget to read the Spanish aloud and to speak it at every opportunity. Success comes with constant practice.

CUARTA PARTE DEL TEXTO
Fourth Part of the Text

EL SUDOESTE HISPÁNICO DE LOS ESTADOS UNIDOS DE AMÉRICA
(The Spanish Southwest of the United States of America)

HISTORIA, CULTURA, COSTUMBRES
(History, Culture, Customs)

LECCION VEINTE Y SEIS
(Lesson Twenty-Six)

Note: Pronounce aloud the vocabulary of each lesson.

VOCABULARIO

indios	*Indians*	hizo un viaje	*made a trip*
españoles	*Spaniards*	vaca	*cow*
tiempos	*times*	tierra	*earth, land*
llegada	*arrival*	búfalo	*buffalo*
conquistadores	*conquerors*	cura	*priest*
sudoeste	*southwest*	a oír	*to hear*
los llamaron	*called them*	famoso	*famous*
pueblos	*towns*	cuento	*story*
fué	*was*	le contó	*told him*
llegó	*he arrived*	fraile	*friar*
después	*afterwards*	guía	*guide*
		en busca de	*in search of*

Note: Read aloud each story in Spanish.

Los Indios y Los Españoles

Desde los tiempos muy remotos, antes de la llegada de los conquistadores españoles, los indios vivían en el sudoeste de lo que llamamos hoy día "Los Estados Unidos." Muchos de estos indios vivían en casas muy grandes y por eso más tarde los españoles los llamaron "pueblos" porque vivían en grupos de casas o pueblos. El primer español a penetrar el territorio de lo que llamamos ahora "Los Estados Unidos" fué el famoso Don Alvar Nuñez Cabeza de Vaca. Llegó a la costa de Texas en el año de 1528, y después hizo un viaje hacia el oeste hasta llegar a la costa del Pacífico. Cabeza de Vaca vió por primera vez "las vacas de la tierra," como llamaron los españoles los búfalos americanos.

Después de Cabeza de Vaca llegó otro español de mucha importancia para el sudoeste americano. Este hombre fué un cura llamado el Fraile Marcos de Niza. Fray Marcos fué el primer español a oír el famoso cuento de "Las Siete Ciudades de Cíbola" (The Seven Cities of Cíbola). Un indio le contó el cuento. Después el famoso fraile

83

sirvió de guía a la expedición de Coronado en busca de las famosas "Siete Ciudades de Cíbola," situadas, según los indios, en alguna parte del sudoeste.[1]

Answer in Spanish:

1. ¿ Quiénes vivían en tiempos remotos en los Estados Unidos?
2. ¿ Vivían en pueblos los indios del sudoeste?
3. ¿ Cuándo llegó Cabeza de Vaca a la costa de Texas?
4. ¿ Quién fué Fray Marcos de Niza?
5. ¿ Qué buscaban los españoles?

Note: The questions given at the end of each lesson are merely suggestions for practice in spoken Spanish. The teacher or student should ask many more, based on the story. The more questions asked and answered aloud in Spanish, the more interesting and profitable each lesson will become.

LECCION VEINTE Y SIETE
(Lesson Twenty-Seven)

VOCABULARIO

nombres	*names*	parecidos	*alike*
historia	*history*	a lo largo	*along*
el del	*that of the*	llanuras	*plains*
explorador	*explorer*	estacadas	*staked*
hizo	*made*	volvió	*returned*
una expedición	*an expedition*	digno	*worthy*
por	*through*	mencionado	*mentioned*
se puso	*he became*	breve cuento	*short story*
triste	*sad*	descubrir	*to discover*
cabisbajo	*crestfallen*	puerto	*port, harbor*
tal como	*as*	conocido	*known*
existen	*they exist*		

Coronado y Cabrillo

Uno de los nombres más famosos en toda la historia del Sudoeste Americano es el del famoso conquistador y explorador español, Don

---

[1] Véase "New Mexico History and Civics" por Lansing B. Bloom y Thomas C. Donnelly, The University Press, Albuquerque, New Mexico, 1933.

Francisco Vásquez de Coronado. En el año de 1540 Coronado hizo una expedición por la tierra de Cíbola. Se puso muy triste y cabisbajo cuando no halló las hermosas y ricas ciudades que buscaba. Halló solamente los pueblos de los indios de Nuevo México tal como existen hoy día o muy parecidos. Coronado exploró vastas regiones a lo largo del Río Grande en Nuevo México y en las llanuras estacadas. En el año de 1542 el gran capitán, muy triste y disgustado, volvió a la Ciudad de México en la Nueva España.

Otro gran explorador español digno de ser mencionado en este breve cuento histórico es Juan Rodríguez Cabrillo. Este hombre fué el primero a descubrir el famoso puerto en la costa de California conocido hoy día por el nombre del "Puerto de San Diego" (San Diego Harbor). Esto fué en el año de 1542. Cabrillo fué entonces el primer español a explorar el territorio que llamamos hoy California.

Suggested questions to be asked and answered aloud in Spanish:

1. ¿Quién fué Coronado?
2. ¿Qué hizo Coronado en América?
3. ¿Halló Coronado "Las Siete Ciudades de Cíbola?"
4. ¿Quién fué Cabrillo?
5. ¿Qué hizo Cabrillo en América?

LECCION VEINTE Y OCHO
(Lesson Twenty-Eight)

VOCABULARIO

principalmente	*principally*	vinieron	*came*
hablaban	*spoke*	en busca de	*in search of*
idiomas	*languages*	riquezas	*riches*
lenguas	*tongues*	llegó	*arrived*
cuentos	*stories*	era	*was*
extraños	*strange*	siempre	*always*
llegaron	*came*	trataba	*treated*
oídos	*ears*	al principio	*at first*
oro	*gold*	bondadoso	*good, kind*
mataron	*killed*	sin embargo	*however*
acompañaban	*accompanied*	temían	*feared*
		padres	*priests*

Fray Agustín Rodríguez

Los indios "pueblos" vivían en muchas casas grandes principalmente en lo que llamamos hoy Nuevo México. Los indios hablaban muchos idiomas (muchas lenguas) tal como el Hopi, el Zuñi, el Queres, el Jémez, el Tiwa, el Tewa, el Tano, y el Piro. En el tiempo de los conquistadores, muchos cuentos extraños llegaron a los oídos de los españoles en México, cuentos de los indios que vivían en pueblos, cuentos de "lagos de oro," etc. Pero, no todos los españoles vinieron al Sudoeste Americano en busca de oro y riquezas. En el año de 1581 el Fray Agustín Rodríguez llegó al "país del norte" (North Country). Venía de México. El fraile Rodríguez era un buen hombre y siempre trataba bien a los indios. Al principio, los indios trataban bien al fraile bondadoso. Sin embargo, después los indios mataron a Fray Rodríguez porque temían a los soldados españoles que siempre acompañaban a los padres.

Suggested questions:

1. ¿Dónde vivían muchos de los indios?
2. ¿Cuáles idiomas hablaban los indios?
3. ¿Qué cuentos llegaron a los oídos de los españoles?
4. ¿Quién fué Fray Agustín Rodríguez?
5. ¿Trataba bien a los indios el padre Rodríguez?

LECCION VEINTE Y NUEVE
(Lesson Twenty-Nine)

VOCABULARIO

gloriosos	*glorious*	se estableció	*established*
el del	*that of*		*himself*
valiente	*valiant*	primeramente	*first*
empezó	*he began*	pueblecito	*little town*
célebre	*celebrated*	llamado así	*called thus*
"entrada"	*"entrance"*	soldados	*soldiers*
gobernador	*governor*	eran	*were*
fué nombrado	*was named*	hidalgos	*noblemen*
adelantado	*high officer*	colonia	*colony*
diligentemente	*diligently*	europea	*European*
permanente	*permanent*	celebra	*celebrates*

Don Juan de Oñate

Uno de los nombres mas gloriosos y famosos entre los de los conquistadores españoles es el del valiente Don Juan de Oñate. Empezó Oñate su célebre "entrada" de Nuevo México en el año de 1598. Después Oñate fué nombrado gobernador y adelantado. Don Juan buscaba diligentemente la famosa "Gran Quivira," y el "Mar del Sur" (South Sea). Oñate se estableció primeramente a San Juan de los Caballeros (St. John of the Gentlemen), un pueblecito llamado así porque todos los soldados de Oñate eran hidalgos y caballeros. Es de gran importancia la expedición de Oñate porque resultó en la primera colonia permanente europea o española en Nuevo México. Hoy día cada verano la ciudad de Española, Nuevo México, celebra el día de Oñate con una gran fiesta.

Suggested questions:

    1. ¿ Quién fué Don Juan de Oñate?
    2. ¿ Qué hizo Oñate en Nuevo México?
    3. ¿ Qué buscaba Oñate?
    4. ¿ Eran caballeros los soldados de Don Juan?
    5. ¿ Quién estableció la primera colonia permanente en Nuevo México?

LECCION TREINTA
(Lesson Thirty)

VOCABULARIO

rebelión	*rebellion*	se quedaron	*remained*
reconquista	*reconquest*	vivos	*alive*
se organizaron	*organized*	huyeron	*fled*
en contra de	*against*	trató	*tried*
enfurecidos	*infuriated*	reconquistar	*reconquer*
rebeldes	*rebels*	sin éxito	*without success*
se levantaron	*rose up*	fué realizada	*was realized*
en armas	*in arms*	provincia	*province*
mataron	*killed*	sabio	*wise*
gobernador	*governor*	valiente	*brave*
sangre	*blood*	sin derramar	*without shedding*

La Rebelión y la Reconquista

En el año de 1680 los indios de Nuevo México se organizaron en una gran rebelión en contra de los españoles. Enfurecidos, los indios rebeldes se levantaron en armas y en el mes de agosto mataron más de cuatrocientos españoles—hombres, mujeres, y niños. Don Antonio de Otermín, gobernador de Nuevo México en aquel año, y los españoles que se quedaron vivos huyeron a la ciudad de El Paso del Norte. De El Paso trató Otermín de reconquistar el territorio pero sin éxito. La reconquista de la provincia de Nuevo México fué realizada en el año de 1692 por el gran conquistador, Don Diego de Vargas. Fué De Vargas un hombre sabio y valiente. Hizo la reconquista de setenta y tres pueblos de los indios en su primera entrada sin derramar sangre. Cada año la ciudad de Santa Fé, Nuevo México, celebra la famosa entrada de De Vargas con una gran fiesta.

Suggested questions to be asked and answered aloud in Spanish:

1. ¿ Se organizaron en rebelión los indios?
2. ¿ En qué año fué la rebelión?
3. ¿ Quién fué Don Diego de Vargas?
4. ¿ Qué hizo De Vargas?
5. ¿ En qué año hizo De Vargas la reconquista?

LECCION TREINTA Y UNA
(Lesson Thirty-One)

VOCABULARIO

los franceses	*Frenchmen*	el río	*the river*
los españoles	*Spaniards*	desde	*from*
había	*there was*	lagos	*lakes*
lucha	*struggle*	hasta	*until, to*
rivalidad	*rivalry*	golfo	*gulf*
Francia	*France*	dió	*gave*
temían que	*feared that*	más de	*more than*
entrasen	*would enter*	cien años	*hundred years*
exploró	*explored*	antes	*before*
había descubierto	*had discovered*	o	*or*

Los Franceses y Los Españoles

En el siglo diez y siete había gran lucha y rivalidad entre España y Francia en América. Los españoles temían que los franceses entrasen en su territorio en el Sudoeste Americano. Probablemente el francés mas famoso de América fué el gran Le Sieur de La Salle. Este famoso francés exploró el río Mississippi desde los lagos grandes (Great Lakes) del norte hasta el Golfo de México, y dió al territorio el nombre de Louisiana. Esto fué en el año de 1682. Pero el gran explorador español, De Soto, más de cien años antes, había descubierto el famoso Río del Espíritu Santo (River of the Holy Spirit), o el Mississippi.

Suggested questions:

1. ¿ En qué siglo había lucha en América entre los españoles y los franceses?
2. ¿ Qué temían los españoles?
3. ¿ Quién era La Salle?
4. ¿ Qué hizo La Salle?
5. ¿ Quién fué y qué hizo DeSoto?

LECCION TREINTA Y DOS
(Lesson Thirty-Two)

VOCABULARIO

más tarde	*later*	casi toda	*nearly all*
otro nombre	*another name*	península	*peninsula*
inmortal	*immortal*	extendía	*extended*
aparece	*appears*	al norte	*to the north*
misionero	*missionary*	hasta	*to*
a los indios	*to the Indians*	de lo que	*of which*
entre	*between*	llamamos	*we call*
cura	*priest*	brilla	*shines forth*
exploraba	*explored*	que se encuentran	*which are found*
historia	*history*		

El Padre Eusebio Kino

Más tarde, otro nombre inmortal aparece en la historia del Sudoeste Americano. Este fué el nombre del Padre Eusebio Kino, gran explorador y misionero a los indios. Entre los años de 1687 y 1711 este cura valiente exploraba casi toda la península de California y extendía sus exploraciones al norte hasta el territorio de lo que llamamos hoy día Arizona. Brilla mucho el nombre de Kino entre los de todos los exploradores y misioneros españoles que se encuentran en la historia de América.

Suggested questions:

1. ¿Quién tiene nombre inmortal en América?
2. ¿Quién fué el Padre Kino?
3. ¿Qué hizo este cura valiente?
4. ¿Exploró Kino la península de California?
5. ¿En la historia brilla el nombre del Padre Kino?

LECCION TREINTA Y TRES
(Lesson Thirty-Three)

VOCABULARIO

siglo	*century*	ciudad	*city*
se abrió	*was opened*	dada	*given*
camino	*road, highway*	mismo	*same*
hicieron	*made*	nombre	*name*
viaje	*a trip*	santo	*saint*
fundó	*founded*	a ser	*to be*
fué destinada	*was destined*	bellas	*beautiful*
distintivas	*distinctive*		

Fray Garcés y el Capitán Anza

En el siglo diez y ocho se abrió un camino de México a California. En el año de 1774 Fray Francisco Garcés y el Capitán Juan Bautista de Anza hicieron un viaje de Sonora en México a California. En el año de 1776 el Capitán Anza fundó la ciudad de San Francisco. Esta ciudad dada el mismo nombre del famoso santo fué destinada a ser una de las ciudades mas bellas y distintivas del Sudoeste Americano.

Suggested questions:

1. ¿En qué año se abrió el camino entre México y California?
2. ¿Quiénes hicieron un viaje de Sonora a California?
3. ¿Quién fundó la ciudad de San Francisco?
4. ¿En qué año fué fundada la ciudad?
5. ¿Dónde está San Francisco?

LECCION TREINTA Y CUATRO
(Lesson Thirty-Four)

VOCABULARIO

varios años	*several years*	huésped	*guest*
terminación	*end*	entre	*between*
poder español	*Spanish power*	ganó	*won, gained*
entró	*entered*	independencia	*independence*
por equívoco	*by mistake*	autoridad	*authority*
teniente	*lieutenant*	cesaron	*ceased*
se llamaba	*was called*	empezaron	*began*
exploró	*explored*	a llegar	*to arrive*
último	*last*	gobernador	*governor*
provincia	*province*	fué	*was*

Pike y Melgares

Varios años antes de la terminación del poder español en Nuevo México un americano de los Estados Unidos entró en el territorio español por equívoco. Este hombre era un teniente que se llamaba Zebulon M. Pike. En los años de 1805 y 1806 Pike exploró, como "huésped" de los españoles, mucho del territorio entre Santa Fé y Chihuahua, México.

México ganó su independencia de España en el año de 1821. La autoridad y el poder de los españoles cesaron en América. Muchos americanos de los Estados Unidos empezaron a llegar al Sudoeste. El último gobernador español de la provincia de Nuevo México fué Don Facundo Melgares.

Suggested questions:

1. ¿Quién entró en territorio español por equívoco?
2. ¿Quién era Pike?
3. ¿Qué hizo Pike?
4. ¿Cuándo ganó México su independencia?
5. ¿Quién era el último gobernador español de Nuevo México?

LECCION TREINTA Y CINCO
(Lesson Thirty-Five)

VOCABULARIO

temprano	*early*	peligroso	*dangerous*
cazadores	*hunters*	las ganancias	*profits*
comerciantes	*traders*	productivo	*profitable*
atrapadores	*trappers*	comercial	*commercial*
atrapan	*trap*	desde	*since*
llegaban	*they arrived*	en adelante	*forward*
por medio de	*by means of*	reclamo	*lure, call*
camino	*road*	se hizo	*became*
extendía	*extended*	se convirtió	*became*
bastante	*plenty, very*	oficial	*official*
estado	*state*	idioma	*language*

El Camino a Santa Fé
(The Santa Fé Trail)

Muy temprano en el siglo diez y nueve muchos americanos venían a Nuevo México de los Estados Unidos.   Muchos de estos hombres eran cazadores, comerciantes, y atrapadores (hombres que atrapan los animales).   Llegaban a Nuevo México por medio del famoso Camino a Santa Fé (Santa Fé Trail), camino muy famoso en la historio del Sudoeste.   Este camino extendía de Missouri hasta Santa Fé.   El viaje fué bastante peligroso pero las ganancias eran grandes. En el año de 1821 el Capitán William Becknell hizo el primer viaje productivo comercial de Missouri a Nuevo México.   Desde el tiempo de Becknell en adelante el reclamo del "Santa Fé Trail" se hizo más poderoso.   Varios años después Nuevo México se convirtió en territorio americano de los Estados Unidos, y más tarde (1910-1912) en el estado de Nuevo México.   Aunque el inglés es ahora la lengua oficial, hasta hoy día se usa mucho el idioma español en el Sudoeste Americano, especialmente en Nuevo México.

Suggested questions:

1. ¿ Cuándo venían muchos americanos a Nuevo México?
2. ¿ Qué es el famoso Santa Fé Trail?
3. ¿ Quién era el Capitán Becknell?
4. ¿ Qué hizo Becknell en el año de 1821?
5. ¿ Se habla español en el Sudoeste Americano hoy día?

LECCION TREINTA Y SEIS
(Lesson Thirty-Six)

VOCABULARIO

pueblos	*towns*	reino	*kingdom*
ciudades	*cities*	muy	*very*
es el de	*is that of*	probablemente	*probably*
sumamente	*exceedingly*	origen	*origin*
bellos	*beautiful*	árabe	*arabic*
tendrán	*will have*	fué usado	*it was used*
interés especial	*special interest*	vez	*time*
estudiantes	*students*	historiador	*historian*
al lado de	*along with*	relato	*account*
encontramos	*we find*	la forma	*the form*
		indio	*Indian*

Pueblos y Ciudades del Sudoeste

Una de las cosas más interesantes de toda la historia del Sudoeste es la de los nombres españoles de muchos de los pueblos y ciudades. Muchos de estos nombres españoles son sumamente bellos y tendrán un interés especial para todos los estudiantes de español. Al lado de "El Dorado" (The Gilded Man), y las famosas "Islas de Oro y Plata" (Isles of Gold and Silver), encontramos el "Reino de Gran Quivira." Este famoso nombre para uno de los pueblos indios del Sudoeste es muy probablemente de origen español-árabe. Fué usado por primera vez por el historiador, Castañeda, en su relato de la expedición de Coronado. Otro nombre famoso es el de "Cíbola," muy probablemente la forma española del nombre indio Zuñi "Shiwina." [1]

Suggested questions:

1. ¿ Qué es una cosa interesante en el Sudoeste?
2. ¿ Son hermosos los nombres españoles?
3. ¿ Cuál es el Gran Quivira?
4. ¿ Cuál es el origen de "Cíbola"?
5. ¿ Quién usó primeramente la palabra :"Cíbola"?

---

1. Véase Bloom y Donnelly, New Mexico History and Civics, pp. 23-27.

LECCION TREINTA Y SIETE
(Lesson Thirty-Seven)

VOCABULARIO

nombre	*name*	ruinas	*ruins*
bastante	*very*	antiguas	*ancient*
según	*according to*	hace muchos años	*many years ago*
eran	*were*	escena	*scene*
situados	*located*	trabajos	*work*
lugar	*place*	especialmente	*especially*
sitio	*site*	ahora	*now*
excavaciones	*excavations*	arqueológicas	*archaeological*
bajo	*under*	hechas	*done, made*
universidad	*university*	dirección	*direction*
		el de	*that of*

Tiguex y Puaray

Otro nombre bastante famoso en la historia del sudoeste es el de Tiguex. Los Tiguex, según Castañeda, eran doce pueblos indios situados en el Sudoeste. Uno de los nombres mas interesantes de Nuevo México es el de Puaray. Este lugar, hoy día el sitio de algunas famosas ruinas, era hace muchos años la escena de muchos de los trabajos de los misioneros españoles, especialmente los grandes trabajos del fraile Juan de Santa María, el Padre Rodríguez, y el Padre López. Las ruinas antiguas de Puaray son de mucho interés ahora en las excavaciones arqueológicas hechas bajo la dirección de la Universidad de Nuevo México, Albuquerque, Nuevo México.

Suggested questions:

1. ¿ Qué es Tiguex?
2. ¿ Dónde estaba Puaray?
3. ¿ Quiénes eran los misioneros españoles en Puaray?
4. ¿ Qué interés tienen las ruinas de Puaray?
5. ¿ Qué quiere decir en inglés la palabra "excavación"?

LECCION TREINTA Y OCHO
(Lesson Thirty-Eight)

fundaron	*founded, built*	el sitio	*the site*
así llamado	*thus called*	poder	*power*
caballeros	*gentlemen*	gloria	*glory*
hidalgos	*noblemen*	fonda	*café*
fué transportada	*was moved*	dió la bienvenida	*welcomed*
capital	*capital*	huéspedes	*guests*
antigua	*old*	personas	*people*
renombrada	*renowned*	visitan	*visit*
leyenda	*legend*	encuentran	*find*
canción	*song*	encanto	*charm*
significa	*means*	permanece	*remains*
típicamente	*typically*	ninguna otra	*no other*

La Villa Real de Santa Fé

En el año de 1598 los españoles fundaron el pueblo de San Juan de los Caballeros (Saint John of the Gentlemen), así llamado porque todos los soldados eran caballeros o hidalgos. Después la colonia fué transportada a San Gabriel, y más tarde a la Villa Real de Santa Fé (The Royal City of the Holy Faith). Esto fué muy probablemente en el año de 1610. La ciudad de Santa Fé, capital del estado de Nuevo México, es muy antigua en la historia, renombrada y famosa en leyenda y canción. Era esta ciudad por más de doscientos años el sitio del poder y de la gloria española y mexicana. Ella fué situada a la terminación del Camino a Santa Fé, donde su famosa "Fonda" dió la bienvenida a los huéspedes de los Estados Unidos. Las personas que visitan a Santa Fé hoy día encuentran en ella un encanto sin rival entre las otras ciudades de América. Su nombre significa en inglés "The Royal City of the Holy Faith" y permanece y vive hoy día como la ciudad más típicamente española que ninguna otra de las ciudades del Sudoeste Americano.

Suggested questions:

1. ¿ En qué año fundaron los españoles a San Juan de los Caballeros?

2. ¿ En qué año fué fundada la ciudad de Santa Fé?

3. ¿ Dónde está Santa Fé?
4. ¿ Cuál fué el "Camino a Santa Fé?
5. ¿ De cúal estado es capital Santa Fé?

LECCION TREINTA Y NUEVE
(Lesson Thirty-Nine)

VOCABULARIO

cuando	*when*	al entrar	*upon entering*
marcharon	*marched*	fué llamado	*was called*
hacia	*toward*	antiguo	*old*
pasaron	*passed*	moderna	*modern*
paso	*pass*	sino	*but, rather*
montañas	*mountains*	pequeño	*small*
lado	*side*	al norte	*to the north*
fronterizo	*border*	nombre	*name*
entero	*full, entire*	villa	*town, city*

El Paso y Santa Cruz

Cuando los españoles marcharon de la Ciudad de México hacia el norte pasaron por un paso en las montañas al entrar en el Sudoeste Americano. Este paso fué llamado El Paso del Norte. Este pueblo antiguo no era la ciudad moderna de El Paso, Texas, sino un pueblo pequeño en el lado mexicano del Río Grande. En inglés El Paso del Norte significa "The Pass of the North" o "The Northern Pass." Otro pueblo muy antiguo y muy interesante fué Santa Cruz de la Cañada muy al norte del pueblo fronterizo de El Paso. El nombre entero del pueblo es "La Villa Nueva de Santa Cruz de la Cañada" y significa en inglés "The New Town of the Holy Cross of the Ravine."

Suggested questions:

1. ¿ En qué dirección marcharon los españoles?
2. ¿ De dónde venían los españoles?
3. ¿ Dónde está El Paso del Norte?
4. ¿ Dónde está Santa Cruz de la Cañada?
5. ¿ Qué quiere decir (significa) el nombre de Santa Cruz en inglés?

LECCION CUARENTA
(Lesson Forty)
VOCABULARIO

así	*thus*	se pone	*sets*
se llama	*is called*	el sol	*the sun*
hermosa	*beautiful*	pintoresca	*picturesque*
orilla	*bank, shore*	vecindad	*vicinity*
cerca de	*near*	culturas	*cultures*
al este	*to the east*	la de	*that of*
sandía	*watermelon*	se mezclan	*mix, mingle*
así llamadas	*called thus*	se conoce	*is known*
a causa de	*because of*	parque	*park*
		parece a	*looks like*

Albuquerque

El nombre original de la ciudad más grande de Nuevo México era "La Villa de San Felipe de Albuquerque" (The City of Saint Phillip of Albuquerque). La villa fué fundada por los españoles en el año de 1706. Albuquerque (así se llama la ciudad hoy día) es una ciudad hermosa situada a la orilla del Río Grande entre El Paso y Santa Fé. Cerca de la ciudad al este están las grandes montañas, Las Sandías, así llamadas a causa de su bonito color de sandía cuando se pone el sol. No tan antigua como otras ciudades del sudoeste, Albuquerque tiene una historia muy interesante y pintoresca. En la vecindad de Albuquerque las tres culturas, la de los indios, la de los españoles, y la de los anglos, se mezclan. Se conoce Albuquerque por sus muchos y hermosos parques y plazas, y en este respecto, parece a una ciudad de España o México.

Suggested questions:

1: ¿Cuál fué el nombre original de Albuquerque?
2. ¿Cuándo fué fundada la villa?
3. ¿Dónde está situada Albuquerque?
4. ¿Dónde están Las Sandías?
5. ¿Tiene parques y plazas Albuquerque?

NOTE TO TEACHERS: The lessons may be varied and made more interesting by having a student ask the questions on the lesson. A dialogue based on the lesson given aloud before the class is also excellent training and very interesting.

LECCION CUARENTA Y UNA
(Lesson Forty-One)

VOCABULARIO

lleva	*wears, bears*	parques	*parks*
establecidas	*established*	centros	*centers*
varias	*several*	de recreación	*of recreation*
siendo	*being*	encanto	*charm*
entre ellas	*among them*	antigua	*ancient*
aún	*yet*	existe	*exists*
a las orillas	*on the banks*	guardia	*guard*

San Antonio

Una de las más grandes y hermosas ciudades del estado de Texas lleva el nombre español de San Antonio (Saint Anthony). Fué fundada la ciudad por los españoles en el año de 1718. Fueron establecidas en San Antonio varias hermosas iglesias (misiones) siendo las más importantes entre ellas La Purísima Concepción, (The Immaculate Conception), San José (Saint Joseph), San Juan (Saint John), y San Francisco de la Espada (Saint Francis of the Sword). San Antonio está situada a las orillas del hermoso río San Antonio. La ciudad tiene muchos bonitos parques, plazas, y centros de recreación. Hasta hoy día conserva San Antonio mucho del encanto de una antigua ciudad española. La famosa iglesia, El Alamo (The Cottonwood), existe aún como guardia silencioso de la hermosa ciudad moderna.

Suggested questions:

1. ¿Dónde está la ciudad de San Antonio?
2. ¿Cuándo fué establecida la ciudad?
3. ¿Cuáles son las misiones más importantes de San Antonio?
4. ¿Tiene parques hermosos la ciudad?
5. ¿Dónde está la famosa misión "El Alamo"?

LECCION CUARENTA Y DOS
(Lesson Forty-Two)

bellas	*beautiful*	mejores	*best*
ambas	*both*	mundo	*world*
puerto	*port*	edificado	*built*
fué descubierto	*was discovered*	llamada	*called*
por primera vez	*for the first time*	establecido	*established*
costumbres	*manners, customs*	se hizo	*was made*
se conoce	*is known*	belleza	*beauty*
aún	*still*	algo	*something*

San Diego y San Francisco

Dos de las ciudades más interesantes y bellas del Sudoeste son San Diego y San Francisco, California. Ambas de estas ciudades están situadas en la costa del Pacífico. El hermoso puerto de San Diego fué descubierto por primera vez por Cabrillo en 1542. La Plaza Vieja de San Diego conserva muchas de las costumbres españolas. La primera misión española de los Franciscanos establecida en California fué la misión San Diego de Alcalá.

La hermosa ciudad de San Francisco, California, uno de los mejores y más bellos puertos del mundo, fué fundada por el español, Anza, en el año de 1776. Una misión-iglesia fué edificada primeramente y llamada "Dolores." Más tarde fué establecido el pueblo de "Yerba Buena." De este pueblo se hizo la ciudad moderna de San Francisco. San Francisco se conoce por su belleza y aun conserva algo de su encanto español.

Suggested questions:

1. ¿Dónde está San Diego?
2. ¿Dónde está San Francisco?
3. ¿Cuál fué la primera misión de California?
4. ¿Son puertos San Diego y San Francisco?
5. ¿Dónde está el Pacífico?

LECCION CUARENTA Y TRES
(Lesson Forty-Three)

distintamente	*distinctly*	fecha	*date*
éstas	*these*	bien conocida	*well known*
se encuentra	*is found*	persiste	*persists, remains*
data	*dates from*	estilo	*style*
se da	*is given*	se habla	*is spoken*

Los Angeles

California tiene muchas ciudades hermosas con nombres distintamente españoles. Entre éstas se encuentra la ciudad de Los Angeles (The Angels). El nombre original español de esta ciudad fué Nuestra Señora la Reina de Los Angeles (Our Lady Queen of the Angels.) Éste es uno de los nombres más bonitos del Sudoeste. La ciudad de Los Angeles moderna data del año 1783, pero el año de 1769 se da muchas veces como fecha del establecimiento del pueblo antiguo de Nuestra Señora la Reina de Los Angeles. Bien conocida es Los Angeles por sus parques y plazas bonitos. Mucho de su encanto español persiste en el estilo de sus casas, en sus maneras y costumbres. Se habla español en algunas partes de la ciudad.

Suggested questions:

1. ¿Dónde está California?
2. ¿Dónde está Los Angeles?
3. ¿Qué significa el nombre de Los Angeles en inglés?
4. ¿Cuándo fué fundada Los Angeles?
5. ¿Tiene la ciudad parques y plazas bonitos?

LECCION CUARENTA Y CUATRO
(Lesson Forty-Four)

VOCABULARIO

la mayoría	*the majority*	quiere decir	*means*
montañas	*mountains*	picos	*peaks*
hermosísimos	*very beautiful*	serrucho	*saw*
tan corta	*so short*	serie	*series*
ésta	*this one*	además	*besides*
mencionar	*mention*	posee	*possesses*
contentaremos	*we shall, content ourselves*	siguientes	*following*
entre ellos	*among them*	entre ellas	*among them*
latina	*Latin*	cerca de	*near*

Las Montañas del Sudoeste

Los nombres de la mayoría de las montañas del Sudoeste son españoles, y muchos de ellos son hermosísimos. Todos los nombres son interesantes. En una lección tan corta como ésta no podemos mencionar todos los nombres españoles de las montañas. Contentaremos con mencionar algunos de los más hermosos entre ellos. Los españoles llamaron primeramente a las montañas cerca de Santa Fé, Nuevo México, "La Sierra Nevada" (The Snow-covered Sierra). La palabra española "sierra" viene directamente de la palabra latina, "serra" que quiere decir o significa "serrucho" (hand-saw or saw-toothed). Los picos de las montañas parecen serruchos. Más tarde las montañas de Santa Fé fueron llamadas, "La Sierra de Santa Fé" (The Sierra of the Holy Faith). Ahora toda la serie de montañas de Colorado hasta Santa Fé se llama "Sangre de Cristo" (Blood of Christ). Además de éstas, el Sudoeste posee muchas otras montañas con nombres españoles, entre ellas, las siguientes:

Los Sacramentos	*The Holy Sacrament*
Guadalupe	
Las Gallinas	*The Hens*
Los Organos	*The Organs*
Los Mogollones	

101

El estado de Nuevo México tiene tambien montañas tales como "Las Sandías" (The Watermelons) cerca de Albuquerque; "Los Ladrones" (The Thieves) al norte de Socorro; y "Las Truchas" (The Trout), picos cerca de Santa Fe.

Suggested questions:

1. ¿ Tienen nombres españoles muchas montañas del Sudoeste?
2. ¿ Son hermosos los nombres?
3. ¿ Qué significa en inglés la palabra "sierra"?
4. ¿ Cómo se llaman las montañas cerca de Santa Fé?
5. ¿ Puede Ud. nombrar cinco montañas del Sudoeste?

LECCION CUARENTA Y CINCO
(Lesson Forty-Five)
VOCABULARIO

ríos	*rivers*	españoles	*Spanish*
nombraron	*called*	pintorescos	*colorful*
al principio	*at first*	origen	*origin*

Los Ríos del Sudoeste

Los nombres de muchos de los ríos del Sudoeste son de origen español. Estos nombres son pintorescos e interesantes. Primeramente, los españoles nombraron el gran río Mississippi (que no está en el Sudoeste) el "Río del Espíritu Santo" (The River of the Holy Spirit). El Río Grande del norte fué llamado al principio "Río Bravo del Norte" (Wild or Mad River of the North). En el estado de Texas hay un río que se llama "Los Brazos de Diós" (The Arms of God). También hay en el Sudoeste otros ríos con nombres españoles tales como el Río Colorado (Red); el Río Puerco (Pig, Hog, or Dirty River); El Sacramento (The Sacrament); y El Río Ánimas (Souls or Spirits). Hay también El Cíbola (The Buffalo); El Blanco (White); El Salado (Salty), Cebolla (Onion), el Nueces (Pecans), y muchos ríos que se llaman "Hondo" (Deep River).

Suggested questions:

1. ¿ Hay ríos con nombres españoles en el Sudoeste?
2. ¿ Son pintorescos estos nombres?
3. ¿ Cómo se llama el Río Grande?

4. ¿ Puede Ud. nombrar seis ríos de nombres españoles en el Sudoeste?

5. ¿ Qué quiere decir en inglés "Cíbola"?

LECCION CUARENTA Y SEIS
(Lesson Forty-Six)

VOCABULARIO

estados	*states*	cree	*believe*
nombres	*names*	viene de	*comes from*
por ejemplo	*for example*	no sabemos	*we do not know*
mucha gente	*many people*	quiere decir	*means*

Los Estados de Nombres Españoles

Los nombres españoles para muchos de los estados de los Estados Unidos son muy interesantes en origen y significado. Por ejemplo, Arizona, California, Colorado, Florida (Sudeste), Montana, Nevada, New Mexico, y Texas, son todos de origen español o español-indio. Mucha gente cree que el nombre de Arizona viene de las palabras "Arida Zona" (arid or dry zone), pero no sabemos exactamente el origen. El nombre de California viene del nombre de un país mencionado en una famosa novela de caballería (novel of chivalry) muy antigua. Colorado significa "red" en inglés. Florida quiere decir "Flower-covered" o en español "cubierta de flores." Montana se deriva de la palabra "montaña" y significa "mountain" o "mountainous." Nevada quiere decir en inglés "snow-covered." El nombre de New México viene del español "Nuevo México," mientras Texas es la forma española de la palabra india "Tejas."

Suggested questions:

1. ¿ Son españoles muchos de los nombres de los estados de la Union?

2. ¿ Puede Ud. nombrar los estados del Sudoeste de nombres españoles?

3. ¿ De dónde viene la palabra California?

4. ¿ Qué significa en inglés "Nevada"?

5. ¿ De dónde viene el nombre del estado de Texas?

LECCION CUARENTA Y SIETE
(Lesson Forty-Seven)

VOCABULARIO

cada	*each*	adivinanzas	*riddles*
varias	*various*	la mayor parte	*the greater part*
propio	*own*	se cantan	*are sung*
popular	*popular*	desierto	*desert*
literatura	*literature*	hogares	*homes*
consiste en	*consists of*	propiamente	*really*
cuentos	*stories*		*(popular)*
		folklóricas	*folklore*
canciones	*songs*	autor	*author*
juegos	*games*	conocido	*known*

El Folklore Español del Sudoeste

Cada nación tiene su propio folklore, y casi cada sección de las varias naciones tiene su literatura popular de la gente. El folklore de un país consiste en sus cuentos populares, canciones populares, danzas, juegos, y adivinanzas. La mayor parte del folklore español del Sudoeste viene de España, pero alguna parte es de origen mexicano.[1] En los estados del Sudoeste como Nuevo México aún se cantan las canciones folklóricas de España y de México. Cuentos populares acerca del coyote y otros animales del desierto se cuentan en los hogares de adobe en las montañas. Dos de las canciones muy populares del Sudoeste son "La Paloma" (The Dove) y "La Golondrina" (The Swallow). Estas dos canciones no son propiamente folklóricas. El folklore puro es popular y sin autor conocido. También hay la siempre popular "Allá en el Rancho Grande," y la famosa "La Cucaracha," canción de la Revolución Mexicana, y muchas otras.

Hay muchas otras canciones verdaderamente populares y folklóricas como "El Zapatero" (The Shoemaker); "El Venadito" (Little Deer); "Ya se Van Los Pastores" (The Shepherds' Song); y la muy hermosa y muy antigua "San Isidro" cantada por los labradores del campo.

---

[1] Véase las obras escritas sobre e! folklore del Sudoeste por el Dr. Aurelio Espinosa de Stanford University, y las escritas por el Profesor Arturo Campa de la Universidad de Nuevo México.

Suggested questions:

1. ¿Qué es el folklore?
2. ¿Hay folklore español en el Sudoeste?
3. ¿Puede Ud. nombrar algunas canciones folklóricas de Nuevo México?
4. ¿De dónde viene el folklore del Sudoeste?
5. ¿Quiénes cantan la canción antigua "San Isidro"?

LECCION CUARENTA Y OCHO
(Lesson Forty-Eight)
VOCABULARIO
Pronounce aloud:

danza	*dance*	acontecimiento	*event*
baile	*social dance*	social	*social*
extrañas	*strange*	durante	*during*
aún	*yet, still*	cada	*each*
a pesar de	*in spite of*	orquesta	*orchestra*
temporada	*period*	guitarra	*guitar*
tradicionales	*traditional*	éste	*the latter*
íntegra	*integral*	tocado	*played*
ciego viejo	*old blind man*	consta de	*consists of*

Danzas y Bailes del Sudoeste

Además de las danzas de los indios del Sudoeste que son pintorescas y extrañas, hay muchas danzas que son de origen español y mexicano. Estas danzas viven aún a pesar de la temporada de "Jazzmania" en los Estados Unidos. Muchas de las danzas son tradicionales y folklóricas. El "baile" es una parte íntegra de la vida social de todos los pueblos y pueblecitos en las regiones montañosas de Nuevo México y los otros estados del Sudoeste. El "Gran Baile" es un acontecimiento social durante cada "fiesta" (celebration). La orquesta muchas veces consiste en solamente una guitarra y un violín, éste tocado a veces por un ciego viejo. Pero algunas veces la orquesta consta de buenos músicos de una organización grande como "La Orquesta Típica Mexicana." Entre las danzas interesantes y pintorescas de México son el "Jarabe Tapatío" y "Los Viejitos." También hay en Nuevo México y en California bailes que son distintamente del Sudoeste en origen.

Suggested questions:

1. ¿Son pintorescas las danzas de los indios?
2. ¿Qué es una danza?
3. ¿Qué es un baile?
4. ¿Son tradicionales algunas de las danzas del Sudoeste?
5. ¿Son de origen español y mexicano muchas de las danzas y los bailes del Sudoeste?

LECCION CUARENTA Y NUEVE
(Lesson Forty-Nine)

VOCABULARIO

como	*as*	de habla española	*Spanish-speaking*
drama	*drama*	siguen	*continue*
dramáticos	*dramatic*	estaciones	*seasons*
por naturaleza	*by nature*	auténtico	*authentic*
fácilmente	*easily*	se titula	*is entitled*
escritos	*written*	cuenta	*tells*
desempeñados	*played*	nacimiento	*birth*
presentaron	*presented*	sencillo	*simple*
adoración	*adoration*	entre	*among*

El Drama Español del Sudoeste

Como en el caso de los cuentos, canciones, y danzas folklóricas, gran parte del drama tradicional del Sudoeste es de origen español. Los españoles y toda gente de sangre española son dramáticos por naturaleza y fácilmente expresan sus ideas en el drama. Los primeros dramas de América (además del drama de los indios) fueron escritos y desempeñados en español. En los tiempos pasados, los conquistadores españoles presentaban dramas durante los días de fiesta. Mucha gente de habla española sigue hasta hoy día presentando damas en español en varias estaciones del año. Uno de los dramas más históricos, antiguos, pintorescos, y auténticos presentado cada año en tiempo de la Navidad (Christmas) se titula "Los Pastores" (The Shepherds). Este drama cuenta del nacimiento de Cristo y la adoración de los pastores. Es un drama sencillo, puro, y bello. Hay también en Nuevo México otros dramas, entre ellos el drama-danza "Los Matachines" y "Los Comanches."

Suggested questions:

1. ¿ Son dramáticos los españoles?
2. ¿ Son de origen español muchos de los dramas del Sudoeste?
3. ¿ Cómo se titula uno de los dramas más antiguos?
4. ¿ Puede Ud. nombrar dos dramas del Sudoeste?
5. ¿ Qué cuenta el drama "Los Pastores"?

LECCION CINCUENTA
(Lesson Fifty)

Note: Review all past vocabularies pronouncing the words aloud.
Pronounce aloud this last vocabulary.

VOCABULARIO

fiesta	*a holiday cele-*	asisten	*attend*
	bration	toma lugar	*takes place*
después de	*after*	dura	*lasts*
tierra	*land*	se mezclan	*mingle, mix*
por excelencia	*par excellence*	vendedores	*venders*
celebración	*celebration*	voz ronca	*hoarse voice*
acontecimiento	*event*	risa	*laughter*
viejos	*old folks*	alegre	*happy*
chicos	*children*	despierta	*awake*

Fiestas

Depués de España y México, el Sudoeste Americano es la tierra
por excelencia de las "fiestas." Una fiesta es una celebración alegre,
festiva, y pintoresca en una ocasión especial. La fiesta es siempre
un acontecimiento social y asisten siempre toda la gente de la vecindad, viejos y chicos. Toma lugar la fiesta generalmente en una gran
plaza en el centro del pueblo y dura muchas veces tres o cuatro días
enteros. Hay música, danzas, bailes, juegos y procesiones. Los
pobres se mezclan con los ricos porque la fiesta es muy democrática.
Viejos vendedores ciegos anuncian con voz ronca sus mercancías y
venden piñones con manos trémulas. Hay mucho ruído, mucha ani-
mación, mucha alegría, y mucha risa. Toda la gente está muy alegre
y muy despierta, porque la fiesta es exactamente opuesta a la "siesta"
(afternoon nap). Entre las fiestas más famosas del Sudoeste hay: la

Fiesta de Santa Fé, que celebra cada año la reconquista de Nuevo México, y la gran "entrada" del famoso De Vargas; la "Batalla de Flores" (Battle of Flowers) de San Antonio, Texas; y el "Turneo de Rosas" (Tournament of Roses) de Los Angeles, California, La "Gran Fiesta" es el "Mardi Gras" del Sudoeste Americano.

Suggested questions:

1. ¿ Qué es una fiesta?
2. ¿ Cuál es el origen de la fiesta?
3. ¿ Está alegre la gente a la fiesta?
4. ¿ Puede Ud. describir una fiesta típica?
5. ¿ Puede Ud. nombrar algunas fiestas famosas del Sudoeste?

Note: Review once more very carefully all the lessons of the book, pronouncing all vocabularies and asking and answering *aloud* all questions in Spanish.

QUINTA PARTE DEL TEXTO
Fifth Part of the Text

VERBOS Y MODISMOS
(Verbs and Idiomatic Expressions)

MODEL REGULAR VERBS

The model regular verbs, *hablar* (to speak), *comer* (to eat), and *vivir* (to live) are conjugated in the most frequently used tenses as follows:

(The student will note that with few exceptions the second and third conjugations have the same endings.)

Present (I speak, I eat, I live, etc.)

1. hablo, hablas, habla, hablamos, habláis, hablan
2. como, comes, come, comemos, coméis, comen
3. vivo, vives, vive, vivimos, vivís, viven

Imperfect (I was speaking, etc.)

1. hablaba, hablabas, hablaba, hablábamos, hablabais, hablaban
2. comía, comías, comía, comíamos, comíais, comían
3. vivía, vivías, vivía, vivíamos, vivíais, vivían

Preterite (I spoke, did speak, etc.)

1. hablé, hablaste, habló, hablamos, hablasteis, hablaron
2. comí, comiste, comió, comimos, comísteis, comieron
3. viví, viviste, vivió, vivimos, vivısteis, vivieron

Future (I shall speak, etc.)

Add to the infinitive form of the verb the following endings:

é, ás, á, émos, éis, án (hablaré, comeré, viviré)

Conditional (I should speak, etc.)

Add to the infinitive form of the verb the following endings:

ía, ías, ía, íamos, íais, ían (hablaría, comería, viviría)

Present Perfect (I have spoken, etc.)*

1. he hablado, has hablado, ha hablado, hemos hablado, habéis hablado, han hablado
2. he, has, ha, comido; hemos, habéis, han comido
3. he, has, ha, vivido; hemos, habéis, han, vivido

Pluperfect (I had spoken, etc.)

1. había, habías, había, hablado; habíamos, habíais, habían, hablado
2. había, habías, había, comido; habíamos, habíais, habían, comido
3. había, habías, había, vivido; habíamos, habíais, habían, vivido

Future Perfect (I shall have spoken, etc.)†

1. habré, habrás, habrá, hablado; habremos, habreis, habrán, hablado
2. habré, habrás, habrá, comido; habremos, habreis, habrán, comido
3. habré, habrás, habrá, vivido; habremos, habreis, habrán, vivido

Present Subjunctive (that I may speak, etc.)

1. hable, hables, hable, hablemos, habléis, hablen
2. coma, comas, coma, comamos, comáis, coman
3. viva, vivas, viva, vivamos, viváis, vivan

Imperfect Subjunctive (that I might speak, etc.)

1. hablase, hablases, hablase, hablásemos, hablaseis, hablasen
2. comiese, comieses, comiese, comiésemos, comieseis, comiesen
3. viviese, vivieses, viviese, viviésemos, vivieseis, viviesen

NOTE: The present participle of an *ar* verb ends in *ando*, the past participle in *ado*: hablar, hablando, hablado.

For the *er* and *ir* verbs the endings are *iendo* and *ido*:

comer, comiendo, comido
vivir, viviendo, vivido

All other regular verbs which end in *ar, er, ir,* are conjugated like their respective models: hablar, comer, vivir.

---

*If the student will master the conjugation of the irregular verb "haber" he can then form without difficulty any of the perfect tenses which correspond to the English tenses using "have."

†Conditional perfect combines the conditional of "haber" with the past participle.

MOST COMMONLY USED IRREGULAR VERBS

The Spanish language possesses several irregular verbs which are not conjugated in all the tenses like the model verbs. Below some twenty of these most important and most frequently used irregular verbs are conjugated. *Only the irregular tenses* are given. The missing tenses are *regular* and are conjugated like a model verb of the same infinitive ending. The student will do well to *memorize* the irregularities of the verbs given below and should practice using them. These important verbs and their irregular forms are:

1. ANDAR (to walk, to go):

Preterite   (I did walk, walked, etc.)

*anduve, anduviste, anduvo, anduvimos, anduvisteis, anduvieron

2. CAER (to fall): *cayendo* (falling)

Present (I fall, etc.)

caigo, caes, cae, caemos, caéis, caen

Preterite (I fell, did fall)

caí, caiste, *cayó*, caimos, caısteis, *cayeron*

Present Subjunctive (that I may fall, etc.)

caiga, caigas, caiga, caigamos, caigáis, caiga

3. DAR (to give):

Present (I give, etc.)

doy, das, da, damos, dais, dan

Preterite (I gave, did give, etc.)

dí, diste, dió, dimos, disteis, dieron

4. DECIR (to say, to tell): dicho (said)

Present (I say, etc.)

digo, dices, dice, decimos, decís, *dicen*

Preterite (I said, did say, etc.)

dije, dijiste, dijo, dijimos, dijisteis, dijeron

*The *irregular* forms in each tense are placed in *italics*. This should aid the student in remembering them.

113

Future (I shall say, etc.)
diré, dirás, dirá, diremos, direis, dirán

Conditional (I should say, etc.)
diría, dirías, diría, diríamos, diríais, dirían

Present Subjunctive (that I may say)
diga, digas, diga, digamos, digáis, digan

Imperative (say, tell)
di

5. ESTAR (to be)—used for *temporary qualities* and *location.*

Present (I am, etc.)
estoy, estás, está, estamos, estais, están

Preterite (I was, etc.)
estuve, estuviste, estuvo, estuvimos, estuvisteis, estuvieron

6. HABER (to have)—used as an *auxiliary* verb. Not used for possession.

Present (I have, etc.)
he, has, ha, hemos, habéis, *han*

Preterite (I had, etc.)
hube, hubiste, hubo, hubimos, hubisteis, hubieron

Future (I shall have)
habré, habrás, habrá, habremos, habreis, habrán

Conditional (I should have)
habría, habrías, habría, habríamos, habríais, habrían

Present Subjunctive (that I may have)
haya, hayas, haya, hayamos, hayáis, hayan

7. HACER (to do, to make): *hecho* (made)

Present (I do, make, etc.)
hago, haces, hace, hacemos, hacéis, hacen

Preterite (I did, made, etc.)
hice, hiciste, hizo, hicimos, hicisteis, hicieron

Future (I shall make, do, etc.)
haré, harás, hará, haremos, hareis, harán

Conditional (I should make, do, etc.)
haría, harías, haría, haríamos, haríais, harían

Present Subjunctive (that I may make, do, etc.)
haga, hagas, haga, hagamos, hagáis, hagan

Imperative (do, make)
haz

8. IR (to go) : *yendo* (going)

Present (I go, am going, etc.)
voy, vas, va, vamos, vais, van

Imperfect (I was going, etc.)
iba, ibas, iba, íbamos, íbais, iban

Preterite (I went, did go, etc.)
fui, fuiste, fué, fuimos, fuisteis, fueron

Present Subjunctive (that I may go)
vaya, vayas, vaya, vayamos, vayáis, vayan

Imperative (go)
ve

9. OIR (to hear) : *oyendo* (hearing)

Present (I hear, etc.)
oigo, oyes, oye, oimos, oís, *oyen*

Preterite (I heard, did hear)
oí, oiste, *oyó,* oimos, oisteis, *oyeron*

Present Subjunctive (that I may hear, etc.)
oiga, oigas, oiga, oigamos, oigáis, oigan

Imperative (hear, listen)
oye

10. PODER (to be able, can) : *pudiendo* (being able)

Present (I am able, can, etc.)
puedo, puedes, puede, podemos, podéis, *pueden*

Preterite (I was able, could, etc.)
pude, pudiste, pudo, pudimos, pudisteis, pudieron

Future (I shall be able, etc.)
podré, podrás, podrá, podrémos, podréis, podrán

Present Subjunctive (that I may be able)
pueda, puedas, pueda, podamos, podáis, *puedan*

11. PONER (to put, place) :—*puesto* (placed)

Present (I put, place, etc.)
pongo, pones, pone, ponemos, ponéis, ponen

Preterite (I put, did put)
puse, pusiste, puso, pusimos, pusisteis, pusieron

Future (I shall put, etc.)
pondré, pondrás, pondrá, pondremos, pondreis, pondrán

Conditional (I should put, etc.)
pondría, pondrías, pondría, pondríamos, pondríais, pondrían

Present Subjunctive (that I may put)
ponga, pongas, ponga, pongamos, pongáis, pongan

Imperative (put)
pon

12. QUERER (to wish, to want) :

Present (I wish, etc.)
quiero, quieres, quiere, queremos, queréis, *quieren*

Preterite (I wished, did wish, etc.)
quise, quisiste, quiso, quisimos, quisisteis, quisieron

Future (I shall wish, etc.)
querré, querrás, querrá, querremos, querréis, querrán

Conditional (I should wish, etc.)
querría, querrías, querría, querríamos, querríais, querrían

Present Subjunctive (that I may wish)
quiera, quieras, quiera, queramos, queráis, quieran

Imperative (wish)
quiere

13. SABER (to know:)

Present (I know, etc.)
sé, sabes, sabe, sabemos, sabéis, saben

Preterite (I knew, did know, etc.)
supe, supiste, supo, supimos, supisteis, supieron

Future (I shall know, etc.)
sabré, sabrás, sabrá, sabremos, sabreis, sabrán

Conditional (I should know, etc.)
sabría, sabrías, sabría, sabríamos, sabríais, sabrían

Present Subjunctive (that I may know)
sepa, sepas, sepa, sepamos, sepáis, sepan

14. SER (to be)—used for *permanent* or *inherent* qualities.

Present (I am, etc.)
soy, eres, es, somos, sois, son

Imperfect (I used to be, was, etc.)
era, eras, era, éramos, erais, eran

Preterite (I was)
fuí, fuiste, fué, fuimos, fuisteis, fueron

Present Subjunctive (that I may be, etc.)
sea, seas, sea, seamos, seáis, sean

Imperative (be)
sé

15. TENER (to have)—used for *possession.*

Present (I have, etc.)
tengo, tienes, tiene, tenemos, tenéis, *tienen*

Preterite (I had, did have)
tuve, tuviste, tuvo, tuvimos, tuvisteis, tuvieron

Future (I shall have, etc.)
tendré, tendrás, tendrá, tendremos, tendréis, tendrán

Conditional (I should have, etc.)
tendría, tendrías, tendría, tendríamos, tendríais, tendrían

Present Subjunctive (that I may have, etc.)
tenga, tengas, tenga, tengamos, tengáis, tengan

Imperative (have, hold)
ten

16. VENIR (to come) :—*viniendo* (coming)

Present (I come, etc.)
vengo, vienes, viene, venimos, venís, *vienen*

Preterite (I came, I did come, etc.)
vine, viniste, vino, vinimos, vinisteis, vinieron

Future (I shall come, etc.)
vendré, vendrás, vendrá, vendremos, vendréis, vendrán

Conditional (I should come, etc.)
vendría, vendrías, vendría, vendríamos, vendríais, vendrían

Present Subjunctive (that I may come)
venga, vengas, venga, vengamos, vengáis, vengan

Imperative (come)
ven

17. VER (to see) :—*visto* (seen)

Present (I see, etc.)
veo, ves, ve, vemos, veis, ven

Imperfect (I was seeing, etc.)
veía, veías, veía, veíamos, veías, veían

Present Subjunctive (that I may see)
vea, veas, vea, veamos, veáis, vean

18. SENTARSE (to sit down, to be seated) :

NOTE: The above verb is known as a *radical changing verb.* The root vowel *e* changes to *ie* when the accent or stress falls on the *stem* or *root syllable.* The above verb is also reflexive.

Present (I sit down, etc.)
me *siento,* te *sientas,* se *sienta,* nos *sentamos,* os *sentáis,* se *sientan*

19. DORMIR (to sleep) :—*durmiendo* (sleeping)

This verb is also radical changing. The stem vowel *o* changes to *ue* in the present tense indicative and subjunctive, and to *u* in the preterite.

Present (I sleep, etc.)
duermo, duermes, duerme, dormimos, dormís. *duermen*

Preterite (I slept, did sleep, etc.)
dormí, dormiste, *durmió*, dormimos, dormisteis, *durmieron*

Present Subjunctive (that I may sleep, etc.)
duerma, duermas, duerma, durmamos, durmáis, duerman

20. PEDIR (to seek for, to beg) :—*pidiendo* (asking for)
Another radical changing verb with the root vowel *e* changing to *i.*

Present (I ask for, etc.)
pido, pides, pide, pedimos, pedís, *piden*

Preterite (I asked for, etc.)
pedí, pediste, *pidió,* pedimos, pedisteis, *pidieron*

Present Subjunctive (that I may ask for)
pida, pidas, pida, pidamos, pidáis, pidan

NOTE: In the conjugation of the preceding irregular verbs, the author purposely left out the *Imperfect Subjunctive.* It is very difficult for beginners to use. The Imperfect Subjunctive of any Spanish verb is formed in the following manner:

Take the *stem* of the third person plural of the preterite and add the endings:

For *ar* verbs—ase, ases, ase, asemos, aseis, asen
For *er* and *ir* verbs: iese, ieses, iese, iesemos, ieseis, iesen

*Examples:

hablase, etc.
comiese, etc.
viviese, etc.

NOTE: The student should form the habit of making a *daily,* or at least, a *weekly* review. Both regular and irregular verbs should be reviewed often. Only in this way is the student able to master them.

---

*See page 84.

WORDS, PHRASES, AND IDIOMATIC EXPRESSIONS

NOTE: The author has dispensed with the usual vocabulary found in most texts. All words appearing in the book are given in the separate lessons both in Spanish and English. Instead of a vocabulary, the student will find the following pages devoted to a list of the most *practical*, most frequently used, words, phrases, and idiomatic expressions. If carefully studied and put into practice, these expressions will prove of inestimable value to the student of Spanish. In using the list the student may find it convenient to look up the English equivalent first, then read the Spanish opposite. The English expressions are arranged alphabetically.*

WHAT TO SAY IN SPANISH AND HOW TO SAY IT

Spanish orthography is almost absolutely phonetic. Every letter (except h) is sounded, and the vowels have but one quality of sound, practically speaking.

The vowel sounds are much more prolonged and sonorous than in English, though never slurred, while the consonants are softer. Whenever a consonant comes between two vowels, it is joined in pronunciation to the following vowel. That is: every syllable ends with a vowel when possible. Spanish vowels never have the off-glide so characteristic of English.

PRACTICAL KEY TO SPANISH PRONUNCIATION*
VOWELS

a   sounds like a in *arm, ah* (never as in *at, ate, ape*). Thus: blanco (white)—bláhn-ko.

e   sounds like a in *fate* (never as in *me, met*). Thus: mesa (table)—máy'sah.

i   like è in *she* (never as in *it, nine*). Thus: libre (*free*)—lee'bray.

o   like o in *oh, tone* (never as in *not, nor, do*). Thus: oro (*gold*)—óh'-ro.

u   like oo in *ooze* (never as in *rub, use*). Thus: Cuba—Kóó-bah'.

y   alone, or final, is like è in *she*. Thus: y (*and*)—ee; rey; (*king*)—ray'-ee.

y   initial, or between two vowels, sounds like *y* in *yacht*. Thus: yo (*I*)—yoh; mayor (*greater*)—mah-yor'.

CONSONANTS

b   almost as in English (but verging to v). Thus: bote (*boat*)—boh'tay.

c   before a, o, u, or consonants, sounds like *k* or *c* in *cat*. Thus: cal (*lime*)—kahl.

c   before e or i, like *c* in *cent*. Thus: cerro (*hill*)—sair'-ro.

ch   like *ch* in church. Thus: muchacho *(boy)*—moo-chah'-cho.

d   when final or between two vowels, it resembles the English *th* in *thought*. Thus: ciudad (*city*)—see-oo-thath'.

f   like *f* in *fat*. Thus: fácil (*easy*)—fah'-seel.

120

g   before a, o, u, or consonants, like *g* in *go*. Thus: gordo *(fat)*—gohr'-do.

g   before e or i, has a gutteral, strongly aspirant *h* sound, resembling the hawking sound of the German *ch* in *Ach;* and may be here represented phonetically by a capital *H.* Thus página *(page)*—pah'-He-nah; general—Hay-nay-rahl'.

h   is always silent. Thus: hijo *(son)*—é-Ho.

j   always has the same hawking or throat-clearing sound. Thus: trabajo *(work)*—trah-bah'-Ho.

l, m, n, p, as in English. Thus: lima *(file)*—le'-mah; amor *(love)*—ah-mor'; semana *(week)*—sai-mah'-nah; peon *(laborer)*—pay-ohn'.

ll   pronounced like y, as in yacht. Thus: silla *(chair)*—se'ya.

ñ   like *n* in *onion*. Thus: señor *(Sir)*—sain-yor'.

q   is always followed by a silent u, and is pronounced like the English *k*. Thus: que *(which)*—kay; aqui *(here)*—ah-kee'.

r   resembles the English *r*, but is prolonged and trilled. Thus: hombre *(man)*—om'bray.

rr   has a still more rolling sound. Thus: error *(error)*—air-rorr'.

s   is like *s* in *sat* or *ss* in *hiss*. (It never has the English *z* sound as in his or *easy*.) Thus: camisa *(shirt)*—kah-me'sah.

t   and v as in English. Thus: te *(tea)*—tay; vivir *(live)*—vee'-veer.

x   as in English, like *ks*. Thus: exacto *(exact)*—aik-sahk'-to. Before another consonant, it is often sounded like *s*. Thus extranjero *(foreigner)*—ays-trahn-Hay'-ro. In a few old words, it equals the Spanish *j*. Thus: Mexico—may'He-ko.

z   is like *ss* in *hiss*. (Never like English *z*.) Thus: azúcar *(sugar)*—ah-soo'kar.

Note this is the Spanish-American pronunciation of c and z. Theoretically, **c** (before e, i) and z (always) should be lisped like *th* in *think*. Thus: cerveza *(beer)*—thair-vay'-thah. But this usage scarcely obtains save in certain districts of old Spain, and among purists elsewhere.

There is no sound in Spanish like the English *ing* in *ringing*. The two consonants ng retain in Spanish their alphabetical sounds. Thus: lengua *(tongue)*—lain'-gwah.

DIPHTHONGS

Combine the alphabetic sounds of their component vowels, instead of having special sounds of their own as in English.

> Thus: baile *(dance)*—bah ee'lay; baúl *(trunk)*—bah-ool'.
> reina *(queen)*—ra'ee nah; *cuidar (to care)*—kwee-dahr'.
> bueno (good)—bway'-no.

> In gue and gui, the u is always silent, unless marked with a diaeresis *(ü)*.
> Thus: guerra *(war)*—gair'rah; manguito *(muff)*—mahn-gee'-to.
> But: desagüe *(drainage)*—day-sah'-gway.

The graphic accent ('), where used, indicates the accentuated syllables in a word. Words of two or more syllables usually have the stress on the *last syllable* when they end in a consonant, and on the *syllable before the last* when they end in a *vowel*—unless marked with a *written accent* elsewhere. Thus: feliz *(happy)*—fay-lees'; maduro *(ripe)*—mah-doo'-ro; cárcel *(jail)*—kahr'-sell. (But this rule does not apply to plurals of nouns or tense endings of verbs.)

Note: For a more detailed treatment of Spanish pronunciation see first lessons in this book.

---

*Used by permission of the Missouri-Pacific Lines from booklet: *Essential Information for Travelers to Mexico*

TRANSLATIONS

NOTE: The general headings of the various divisions are arranged alphabetically in the English usage.

AMUSEMENTS (PASATIEMPOS)

Where can I find a cabaret?	¿Dónde puedo encontrar un Cabaret?
Cock fight	Pelea de gallos.
Horse race	Carreras de caballos.
Let us go to a bull fight	Vamos á los toros.
Let us go to a cock fight	Vamos á la pelea de gallos.
To ride bicycle	Andar en bicicleta.
The wheelman	El ciclista.
I want to go rowing	Yo quiero pasear en bote.
Rowboat	Bote de remos.
To row	Remar.
Oars—rudder	Remos—timón.
Would you like to go sailing?	¿Desea V. dar un paseo en bote de vela?
To sail	Navegar.
To go horseback riding	Pasear á caballo.
To go driving	Pasear en coche.
To go swimming	Ir á nadar.
How can I get to "El Toreo"?	¿Cómo puedo llegar al "Toreo"?

ANIMALS (ANIMALES)

bird	pájaro.	mule	mula.
bull	toro.	ox	buey.
cat	gato.	parrot	loro & perico.
dog	perro.	pig	cochino.
fish	pez.	sheep	oveja.
horse	caballo.	snake	culebra.
lion	león.	tiger	tigre.
monkey	mono.		

BAGGAGE (EQUIPAJE)

A baggage check	Un boleto (talón) de equipaje.
To check baggage	Franquear equipaje.
	Facturar equipaje.
Baggage wagon	Carro de equipaje.
Trunk	Baúl—Petaca.
Traveling bag	Maleta de viaje.
Valise	Balija de mano.

BARBER (BARBERO)

Barber shop	Barbería. Peluquería.
Please shave me	Sírvase, afeitarme.
Don't shave me close	No me corte Vd. al ropé.
My skin is very tender	Mi cútis es muy delicado.
I want you to cut my hair	Quiero que Vd. me corte el pelo.
Don't cut it very short	No me lo corte muy corto.
Cut it short	Córtemelo corto.
I wish a shampoo	Yo deseo un champú.
Witch hazel	Same as in English.
Bay rum (English used)	Same as in English.
Brush—comb	Cepillo—peine.
Shaving soap	Jabón para la barba.
Towel	Toalla.
Razor	Navaja.
Strop	Asentador.
Curling irons	Rizador.
Mustache	Bigote.
Beard	Barba.
Side whiskers	Patillas.

BAR ROOM (CANTINA)

Bar (counter)	El mostrador.
Saloon	Tienda de licores (cantina).
Absinthe	Ajenjo.
Beer	Cerveza.
Champagne	Champaña.
Cocktail	Cocktail.
French brandy	Coñac.
Gin	Ginebra.
Port	Vino Oporto.
Rum	Rón.
Sherry	Vino Jerez.
Will you have a drink?	¿Quiere Vd. tomar una copa?
What will it be?	¿Qué quiere Vd. tomar?
Health and wealth!	¡Salud y prosperidad!
To your health	¡A su salud!

BILLIARDS (BILLAR)

Billiard room	Sala de billar.
Billiard ball	Bola de billar.
Billiard cue	El taco.
Chalk	La tiza.
Billiard table	Mesa de billar.
Pockets	Las buchacas (bolsas).
Pool	La piña (pool).
We are going to play billiards	Vamos á jugar billar.
Would you like to play billiards?	¿Quiere Vd. jugar billar?
Certainly	¿Cómo no?

BODY (CUERPO)

arms	brazos.	heart	corazón.
bones	huesos.	knees	rodillas.
calf of leg	pantorrilla.	leg	pierna.
chin	barba.	lips	labios.
chest	pecho.	mouth	boca.
eye	ojo.	nails	uñas.
ear	oreja.	neck	cuello.
face	cara, el rostro.	nose	nariz.
finger	dedo.	shoulders	hombros.
foot	pie.	stomach	estómago.
forehead	frente.	teeth	dientes.
hair	{ pelo. / cabellos. }	toes	dedos del pie.
		tongue	lengua.
hand	mano.	thumb	pulgar.
head	cabeza.		

BREAD (PAN)

Rolls	Bolillos.	Crackers	Galletas.
Bread and butter	Pan y mantequilla.	Toast	Tostada.
Sweet bread	Pan dulce.	Coffee	Café.
French bread	Pan francés.	Tea	Té.
Biscuits	Bizcochos.		

BROILED (ASADOS)

Beefsteak, plain or with potatoes	Biftec natural ó con papas.
" breaded.	" empanizado.
" French peas	" con chícharos.
" Madeira sauce	" con Salza Madera.
" anchovy sauce	" de anchoas.
Hamburg steak	" Hamburguesa.
Beefsteak, German style	" a la Alemana.
" Porterhouse with potatoes	" Chateaubriand con papas.
" Porterhouse with vegetables	" Chateaubriand con legumbres.
" Porterhouse with anchovy or	" Chateaubriand con salsa de
Jardinére sauce	anchoas ó a la jardinera.

BUSINESS (NEGOCIOS)

The American consul _____El Consul Americano.
Bank _____Banco.
Bakery _____Panadería
Barber's shop _____Peluquería.
                                       Barbería.
Bookstore _____Librería.
Butcher's shop _____Carnicería.
Cafe _____Café.
Carpenter shop _____Carpintería.
China and glass store _____Cristalería.
Coppersmith's _____Caldería.
Clothing store _____Tienda de ropa hecha.
Confectionery _____Dulcería.
Custom-house agent _____Agente de aduana.
Dry goods store _____Tienda de ropa.
Drugstore _____Botica (farmacia).
Money exchange _____Cambio de moneda.
Grocery _____Abarrotes.
Hardware store _____Ferretería.
Hairdresser _____Peinaduría.
Hatter _____Sombrerero.
Horseshoer _____Ferrero.
Ice cream saloon _____Nevería.
Jeweler's store _____Joyería.
Photographer _____Fotógrafo.
Shoemaker _____Zapatero.
Stationer's store _____Papelería.
Tailor _____Sastre.
Watchmaker _____Relojero.

CARRIAGE (CARRUAJE)

Hack _____Coche de alquiler.
Cab stand _____Sitio (estación) de carruajes.
Driver, take us to the Correo _____Cochero, llévenos al Correo.
What do you charge an hour? _____¿Cuánto cobra Vd. por hora?
I will pay you— _____Le pagaré—.
I prefer to take the coach by the hour ____Prefiero tomar el coche por hora.
                                       Por el viaje.
By the trip _____Por la dejada.
The fare _____El importe del viaje.
It is the regular fare _____Es el precio de tarifa.
It is not the fare agreed on _____No es el precio convenido.
"Tip" _____La propina.
Go at a walk _____Vaya Vd. al paso.
Go faster _____Vaya Vd. más de prisa.
Go slowly _____Vaya Vd. despacio.
At full speed _____A todo correr (á todo escape).
Don't hurry _____No se apresure Vd.
Where are we now? _____¿En dónde estamos ahora?
Stop, so that we can get off at No. 30 _____Párese Vd. para que nos bajemos en el
                                       número treinta.
We wish to alight here _____Queremos apearnos aquí.
We are there already _____¡Ya estamos!
Get into the coach _____Suba Vd. al coche.
Turn to the right _____¡Dé vuelta á la derecha!

CHOPS AND CUTLETS (COSTILLAS)

Broiled pork chops, plain _____De puerco asadas al natural.
   "   mutton chops, plain _____"   carnero   "
   "   veal cutlet, plain _____"   ternera   "
Pork chops, breaded _____"   puerco (empanizada).
Mutton chops, breaded _____"   carnero   "
Veal chops, breaded _____"   ternera   "
Pork chops, French peas _____"   puerco con petit-pois (chícharos).
Cutlet fried in paper ____ _____Costillas Empapeladas.

CHURCH (IGLESIA)

American Masonic Temple	Templo Masónico Americano.
Baptist Church	Iglesia Bautista.
Cathedral	Catedral.
Catholic Church	Iglesia Católica.
Episcopal Church	Iglesia Episcopal.
Jewish Synagogue	Sinagoga Judía.
Methodist Church	Iglesia Metodista.
Presbyterian Church	Iglesia Presbiteriana.
Protestant Church	Templo protestante.
God—Christ	Dios—Jesucristo.
The Holy Virgin	La Santa Virgen.
The Pope	El Papa.
Archbishop	Arzobispo.
Bishop	Obispo.
The priest	El Señor padre.
The minister	El sacerdote.
Divine worship	El culto divino.
The divine services	Los oficios divinos.
High mass	Misa cantada.
Low mass	Misa rezada.
Vespers	Las Vísperas.
To pray	Rogar.
To read prayers	Rezar.
To kneel	Arrodillarse.
Let us go to church	Vamos á la Iglesia.

COLORS (COLORES)

black	negro.	pink	color de rosa.
blue	azul.	red	rojo, colorado.
brown	moreno, café.	vermilion	bermellón.
green	verde.	white	blanco.
grey	gris, pardo.	yellow	amarillo.

COLD DISHES (FIAMBRES)

Butter	Mantequilla.
Radishes	Rábanos.
Olives	Aceitunas.

COMMERCIAL TERMS (TERMINOS MERCANTILES)

An engrosser	Un abarcador.
To credit	Abonar.
The carriage	El porte.
Packthread	Carrete de hilo.
To accept a bill	Aceptar una letra.
Stock	Acción.
Mortgage	Hipotecario.
Mortgagor	El que dá la hipoteca.
Creditor	Acreedor.
Custom-house	Aduana.
A bargain	Ajuste.
A settlement	Ajuste de cuentas.
Carried over	A la vuelta.
A warehouse	Un almacén.
Sale by auction	Almoneda—remate.
To hire, to let out	Alquilar.
Exchange	Cambio.
Goods	Géneros or Artículos.
Property	Propiedad.
To insure	Asegurar.
Ready money	Dinero al contado.
Goods which I have, or may have	Bienes habidos, y por haber.
Consumption	Consumo.
Stock	Caudal.

COMMERCIAL TERMS (TERMINOS MERCANTILES)—Continued

Fund	Fondo.
Cashier	Cajero.
Clerk	Dependiente.
Cash	Caja.
Cash-book	Libro de caja.
A certificate	Un certificado.
The receiver	El cobrador.
Wharfage, etc.	Derechos de muelle.
A partner	Un socio.
Company	Compañía.
A commission	Una comisión.
Cent. or per 100	Ciento or Por-ciento.
Two or three per cent	Dos ó tres por ciento.
A purchase	Una compra.
A purchaser	Un comprador.
A bill of lading	Un conocimiento.
A bill	Una cuenta.
To cast up a bill	Sumar una cuenta.
To call to an account	Pedir cuenta.
To pay part of an account	Pagar á cuenta.
Consignment	Consignación.
Duty of importation	Derechos de entrada.
Duty of exportation	Derechos de salida.
To unload	Descargar.
Gross weight	Peso bruto.
Net weight	Peso neto.
Business	Negocio.
Branch house	Sucursal.

COMMON PHRASES (FRASES COMUNES)

Why are you doing that?	¿Por qué hace Vd. eso?
You are right	Vd. tiene razón.
You are wrong	Vd. no tiene razón.
I am wrong	Yo no tengo razón.
It is the absolute truth	Es la pura verdad.
It is true	Es cierto.
It is false	No es cierto.
True!	¡Es verdad!
"Really and truly"	De veras.
Let us go and see	¡Vamos á ver!
Let's go	¡Vámonos!
All right (O. K.)	Está bien.
I agree to that	Estoy conforme en eso.
I have no objection	No tengo inconveniente.
What do you lack?	¿Qué le háce falta?
I am bored to death	Estoy muy aburrido.
Tell me something—	Dígame Vd. una cosa—
What are you looking for?	¿Qué busca Vd.?
I am looking for the servant	Busco al criado.
I am afraid	Tengo miedo.
I am hungry	Tengo hambre.
I am thirsty	Tengo sed.
How was the play?	¿Qué tal estuvo la pieza?
Very good. Very bad	Muy buena. Pésima.
Fair (as in fair to middling)	Regular.
Pretty fair	Bastante regular.
I do not like it at all	No me gusta nada.
It is a very fine thing	Es una cosa muy fina.
Very choice. Magnificent	Muy buena. Magnífica.
It is a grand spectacle	Es un espectáculo grandioso.
It is not worth the trouble	No vale le pena.
It makes me sick	Me da asco.
It is scandalous	Es un escándalo.

COMMON PHRASES (FRASES COMUNES)—Continued

It displeases me	Me disgusta.
It bores me	Me aburre.
It is all that could be desired	No deja nada que desear.
There was a tremendous lot of people there	Había una barbaridad de gente allí.
Don't be uneasy about it	No tenga Vd. cuidado.
What do you care?	¿Qué le importa?
What is the matter with you?	¿Qué tiene Vd.?
What is it?	¿Qué hay?
What business is that of yours?	¿Qué le importa?
What have you to do with that?	¿Qué tiene Vd. que ver con eso?
Well, what of it?	¿Pues?
Well, then	Pues bien.
Well, now	Ahora bien.
Be careful!	¡Cuidado!
Be good!	¡Sea juicioso!
What has become of Mr.—?	¿Qué se ha hecho el Sr.—?
See what you are doing!	¡Mire lo que hace!
I have noticed one thing	Yo he reparado en una cosa.
It is a great pity	Es una lástima.
What a pity!	¡Que lástima!
Alas for me!	¡Ay de mí!
Dear me	¡Dios mío!
Oh dear me!	¡Ay Dios mío!
Bless me!	¡Válgame Dios!
No doubt	Indudablemente.
It looks well	Tiene buen aspecto.
What do you think of that?	¿Qué le parece á Vd.?
You look much like your brother	Vd. se parece mucho á su hermano.
Is there a hotel there?	¿Hay hotel allí?
There is	Sí hay.
There is none	No hay.
How much	¿Cuánto vale?
I do not know	No sé.
Who knows? (i. e., I do not know)	¿Quién sabe?
I am quite content	Estoy muy contento.
I was very well satisfied	Yo he quedado muy satisfecho.
A good joke	Un buen chiste.
	Una buena broma.
A blunder	Un disparate.
I have changed my mind	He cambiado de parecer.
It is all the same	Es lo mismo.
It amounts to the same thing	Viene á ser lo mismo.
What am I to do?	¿Qué tengo yo que hacer?
What help is there for it?	¿Qué remedio hay?
There is no help for it now	Ya no hay remedio.
What is that for?	¿Para qué sirve eso?

CONDIMENTS (CONDIMENTOS)

Mustard	Mostaza.		Salt	Sal.
Oil	Aceite.		Vinegar	Vinagre.
Pepper	Pimienta.			

COUNTRIES

Cuba	Cuba.		United States	Los Estados Unidos.
Porto Rico	Puerto Rico.		Mexico	México.
Havana	La Habana.		West Indies	Las Antillas.

DENTIST (DENTISTA)

Where can I find a good dentist?	¿Dónde se encuentra un buen dentista?
This tooth pains me	Me duele este diente.
Please fill it with gold	Sírvase orificarlo.
Please fill it with composition	Sírvase empastarlo.
I wish you to pull this tooth	Deseo que Vd. me saque este diente.

DENTIST (DENTISTA)—Continued

I have toothache	Tengo dolor de muelas.
I want something to relieve the pain	Deseo algo para quitarme el dolor.
Tooth powder	Polvos de dientes.
Tooth brush	Cepillo de dientes.
False tooth	Diente postizo.
Back tooth	Muela.

DINNER BILL OF FARE
(LISTA DE COMIDA)

COLD DISHES (FIAMBRES)

Head cheese	Queso de puerco.
Asturian ham	Jamón Asturiano.
Sweet Ham	Jamón dulce.
Raw Westphalia ham	Jamón crudo de Wesfalia.
Leg of mutton	Pierna de carnero.
Bologna sausage	Salchichón de Boloña.
Vichy sausage	Longaniza de Vichy.
Breast of turkey	Pechuga de pavo.
Catalan sausage, two	Butifarras, el par.
Chicken, quarter	Pollo, el cuarto.
Chicken pie, cold (ave-fowl), pollo-chicken	Pastel de pollo frio.
Galatine truffled	Galantina trufada.

SOUP (SOPA) ALSO "CALDO"

Vegetable or chicken consommé	Juliana.
Vermicelli, Italian style macaroni	Macarrones italiana.
"Star," with giblets	Estrella con menudos.
Black bean soup	Potaje, frijoles negros.
Beef juice, bouillon	Jugo de carne.
Oysters	Ostiones (Ostras).
Hash soup	Jigote.
Tartar, two eggs	Tártara (dos huevos á la Tártara).

SHELL FISH (MARISCOS)

Northern oysters (6)	6 ostras (ostiones) del Norte.
Oysters (12)	12 ostras del pais.
Hine	Cabrillas.
Shrimp	Camarones.
Crawfish	Langostines.
Lobster	Langosta.
Stone crabs	Cangrejos morros.
Red mullet	Salmonetes.
Pargo roes	Huevas de pargo.
Tunny or bass	Mojarras.
Eel	Anguila.
1-4. Nantes sardines	Cuarto sardinas Nantes.
Pickled fish	Pescado en escabeche.
Fish stew with vegetables	Sopa de pescado.
Lemarchand boneless sardines	Sardina sin espina Lemarchand.
Sliced red snapper	Ruedas de pargo.
Small pargo fish	Parguitos.
Sprats	Sardinetas.
Cuban fish	Guaguanchos.
Soft-shell crabs	Jaibas tiernas.

STEWS (GUISADOS)

Chicken, Blanchet	Pollo Blanchet.
Stew of shredded beef	Ropa vieja ("Old Clothes").
Stew of all kinds of meats and vegetables; a Spanish provincial dish	Olla podrida.
Calves' feet	Patas de ternera.

STEWS (GUISADOS)—Continued

Veal ragout	Ragout de ternera.
Kidneys to order	Riñones á la orden.
Liver to order	Hígado á la orden.
White rice	Arroz blanco.
Hash	Picadillo.
2 sausages and potatoes	2 Butifarras y papas.
Fish, Dutch style	Pescado holandés.
Rice and ham	Arroz con jamón.
Chicken with rice	Arroz con pollo.
Tongue, braised	Lengua braisé.
Baked, salmagundi	Salpicón al horno.
Calves' feet, to order, basted	Patas, orden, rebozado.

FRITTERS (FRITURAS)

Brains, lamb fries, and sweetbreads	Sesos, criadillas y croqueta.
Mixed or artichokes	Mixtas ó alcachofas.
Oysters, shrimps, or lobster	Ostiones (Ostras), camarones ó langostas.
Fish	Pescado.
Chicken giblets	Menudos de ave.

ROASTS (ASADOS)

Plain roast beef	Roast beef natural.
Leg of mutton, plain	Pierna de carnero, natural.
Small loin of veal, plain	Ternera gancillo, id.
Fricandeau of veal	Fricandó ternera, id.
Larded veal	Ternera mechada.
¼ chicken, broiled or roast	¼ Pollo grillé ó asado.
Rib roast	Entrecostilla asada.
Pork chops	Costillas de cerdo.

SALADS AND VEGETABLES (ENSALADAS Y LEGUMBRES)

Lettuce or endives	Lechuga ó escarola.
Green peppers or tomatoes	Pimientos ó tomates.
Asparagus	Espárragos.
Celery or cauliflower	Apio ó coliflor.
Mixed	Mixta.
Water Cresses	Berros.
Beets	Remolacha.
Haricots	Habichuelas.
Cucumbers	Pepinos.
Spinach	Espinacas.
Alligator pears	Aguacates.
Pumpkin	Calabaza.
Mexican Squash	Chayote.
Carrots	Zanahoria.

DESSERTS (POSTRES)

Iced oranges	Naranjas heladas.
Fruit jelly	Jalea de frutas.
French jelly	Jalea francesa.
Cocoanut	De coco.
Pineapple	De piña.
Orange peel	De cáscara de naranja.
Guava peel	De cáscara de guayaba.
Guava paste	Pasta de guayaba.
Guava jelly	Jalea de guayaba.
Milk custard	Flan de leche.
Baked apples	Manzanas asadas.

FRESH FRUIT (FRUTAS FRESCAS)

Oranges	Naranjas.	Pears	Peras.
Pineapples	Piña.	Apples	Manzanas.
Plantains	Plátanos.	Grapes	Uvas.
Mammee	Mamey.	Peaches	Melocotones.

FRUIT PRESERVES (CONSERVAS)

Plums _____Ciruelas.
Strawberries _____Fresas.

CHEESES (QUESOS)

Cream cheese _____Crema
Fresh cheese _____Fresco

Dutch cheese _____Holanda
Red wines, clarets_ Vinos tintos.
White wines _____ Vinos blancos.
Beers _____ Cervezas.
Mineral waters ___ Aguas Minerales.

DIRECTING (INDICAR EL CAMINO)

Can you tell me where the custom house is? _____ ¿Puede Vd. decirme dónde está la aduana?
Please tell me where the depot is _____Hágame el favor de indicarme donde está la estación del ferrocarril.
Go straight ahead _____Vaya Vd. derecho.
Turn to the right _____Dé Vd. vuelta á mano derecha.
What is the shortest way to the depot? _____ ¿Cuál es el camino más corto para llegar á la estación del ferrocarril?
Go on to the third street and turn to the left _____ Siga V. hasta la tercera calle y dé vuelta á mano izquierda.
Two-corner crossing _____Crucero.
Four-corner crossing _____Esquina de cuatro esquinas.
Go straight ahead to the second four-corner crossing and on to the farthest corner is the store of So and So _____ Vaya Vd. derecho hasta la segunda esquina y en la esquina más allá está la tienda de Fulano de Tal.
Show me the way to the hotel— _____Enséñeme el camino al Hotel—.
It is in front of the cathedral _____Está frente á la Catedral.
Facing the park _____Frente al parque.
Go through ——— street _____Siga por la calle—.
Street—Avenue _____Calle—avenida.
Block _____Manzana (cuadra).
In the next street _____En la próxima calle.
Which street must I take? _____ _____¿Qué calle debo tomar?
Take the first turn to your right and then the third turn to your left _____ Siga Vd. la primera calle á su lado derecho y después la tercera á su lado izquierdo.
There is a lamp in front of the door _____Hay un farol delante de la puerta.
Is this the way to the hotel? _____¿Es éste el camino para ir al Hotel?
How do I go to—? _____Por dónde voy á—?
You are out of your way _____Está Vd. fuera de su camino.
You are on the right road _____Está Vd. en el buen camino.
Which way should I go? _____¿De qué lado deberé ir?
Go straight ahead _____Vaya Vd. derecho adelante.
You cannot mistake your way _____No puede Vd. equivocarse de camino.
How far may it be from here? _____¿Cuánto puede distar desde aquí?
What is the distance from here to the Casino? _____¿Cuánto hay de aquí al Teatro?
It is very near _____Está muy cerca.
Is it very far? _____¿Está muy lejos?
It is just beyond here _____Allá no más.
We are very near now _____Estamos cerquita ahora.
How many leagues to Puebla? _____¿Cuántas leguas hasta Puebla?
It is a good, long league from here _____Hay una legua bien larga desde aquí.
Kilometer (⅝ mile) _____Un kilómetro.
It is only two steps there _____Está á dos pasos.
Can you show me Mr.—'s house? _____¿Puede Vd. indicarme la casa del Señor—?
I will show you the house _____Yo le enseñaré la casa.
We are right there now _____Ya estamos en ella.

DOCTOR (MEDICO)

Call a doctor _____Llame Vd. un médico.
Send for a doctor _____Mande Vd. por el médico.
At once _____Cuanto antes.
Good morning, doctor _____Buenos días, Doctor.
I am indisposed _____Estoy indispuesto.
I am very unwell _____Estoy bien malo.
I am very sick _____Estoy muy enfermo.

DOCTOR (MEDICO)—Continued

I have a headache	Tengo dolor de cabeza.
I have a stomach ache	Me duele el estómago.
My throat is sore	Estoy malo de la garganta.
My stomach is disordered	Tengo mal de estómago.
Nausea	Ganas de vomitar.
It pains me here	Me duele aquí.
I am very weak	Estoy muy débil.
I am feverish	Tengo calentura.
I have chills	Tengo escalofríos.
I have caught cold	Se me pegó un catarro.
l have swallowed poison	He tragado veneno.
Antidote	Contraveneno.
Emetic	Emético.
Castor oil	Aceite de ricino.
Purge, physic	Una purga, un purgante.

EGGS (HUEVOS)

Soft boiled, two	Pasados por agua, el par.
Fried, plain	Fritos.
Fried with tomato sauce	Fritos con salsa tomate.
Shirred	Al plato.
Fried in butter	Fritos con mantequilla.
Poached	Escalfados.
Ham and eggs	Jamón y huevos.
Omelet plain	Tortilla natural
" with tomatoes	Tortilla tomate.
" " onions	Tortilla cebollas.
" " herbs	Tortilla yerbas.
" " potatoes	Tortilla papas.
" " ham	Tortilla jamón.
" " French peas and mushrooms	Tortilla petit pois y champignon.
" " vegetables or shrimps	Tortilla legumbres ó camarones.
" " truffles	Tortilla con trufas.
" " asparagus	Tortilla espárragos.
" " kidneys	Tortilla riñones.
Scrambled eggs, plain	Revueltos natural.
" with tomatoes	Revueltos con tomate.
" with ham	Revueltos con jamón.

(Other fixings same as for omelets)

EGGS (BLANQUILLOS OR HUEVOS)

Fried eggs	Huevos fritos.
Poached eggs	Not eaten, generally. Where you can get them, they are called "escalfados."
Very soft boiled	Pasados por agua.
Soft-boiled eggs	Huevos tibios.
Hard-boiled	Cocidos duros.
Omelette	Tortilla de Huevo.

FISH (PESCADOS)

Boned, small pan fish A la minuta.		Broiled	A la parrilla.
Boiled	Cocido.	Codfish	Bacalao.

FOOD (COMIDA)

Do you take tea or coffee?	¿Toma Vd. té ó café?
I prefer chocolate	Yo prefiero chocolate.
The tea is very weak	El té está muy claro.
How do you have your coffee?	¿Cómo toma Vd. su café?
Very strong	Muy fuerte.
Not very strong	No muy fuerte.
A cup of coffee	Una taza de café.

FOOD (COMIDA)—Continued

A glass of ice-water _____Un vaso de agua helada.
Milk _____La leche.
Butter _____La mantequilla.
Cream _____La crema.
Cheese _____El queso.
Pepper _____Pimienta.
I wish more sugar _____Yo quiero más azúcar.
Salt _____Sal.
Sugar _____Azúcar.
Two lumps _____Dos cuadritos.
Please pass me the bread _____Hágame favor del pan.
Waiter, bring me— _____Mozo, tráigame.
Please give me— _____Favor de darme—
Vinegar _____Vinagre.

FRUIT (FRUTAS)

Alligator pear _____Aguacate.
Apple _____Manzana.
Bananas _____Plátanos.
Sugar apple _____Anona.
Fig _____Higo.
Guava _____Guayaba.
Lemon _____Limón.
Lime _____Lima.
Mango _____Mango.
Orange _____Naranja.
Pineapple _____Piña.

Plantain _____Plátano.
Raisins _____Pasas.
Strawberries _____Fresas.
Ice cream _____Mantecado or Helado.
Sherbet _____Sorbete.
Lemonade _____Limonada.
Dessert _____Postres.
Honey _____Miel de abejas.
Sweetmeats _____Dulces.
Nuts _____Nueces.

FURNITURE (MUEBLES)

Bed _____Cama.
Chair _____Silla.
Carpet _____Alfombra.
Candle _____Vela.
Curtains _____Cortinas.
Cuspidor _____Escupidera.
Lamp _____Lámpara.
Mirror _____Espejo.
Mattress _____Colchón.
Pillow-case _____Funda.
Clean sheets _____Sábanas limpias.
Sofa—lounge _____Sofá—canapé.
Rocking chair _____El mecedor—Sillon.

Open the window _____Abra Vd. la ventana.
Close the door _____Cierra Vd. la puerta.
Ring the bell _____Toque Vd. la campanilla.
Bring me _____Tráigame.
Soap, water and towels _____Jabón, agua y toallas.
Toilet paper _____Papel higiénico.
Soiled clothes _____Ropa sucia.
Clean clothes (laundry) _____Ropa limpia.
My bath-tub _____Mi tina de baño.

GAMES (JUEGOS)

A game of cards _____Una partida de naipes.
A pack of cards _____Una baraja
To shuffle _____Barajar.
Please cut _____Corte Vd., si gusta.
Your deal _____A Vd. le toca dar.
A game of backgammon _____Una juego de chaquete.
A game of chess _____Un juego de ajedrez.
A game of drafts _____Un juego de damas.
To play baseball _____Jugar á la pelota or baseball.
Football _____Football—Balompié.

GREETINGS (SALUDOS)

Good morning, sir _____Buenos días, caballero, or señor.
Good afternoon, madame _____Buenas tardes, señora.
Good evening, miss _____Buenas noches, señorita.
Good night _____Buenas noches.
A very good night to you _____Muy buenas noches.
How do you do? _____¿Como está Vd.?

GREETINGS (SALUDOS)—Continued

Very well, thanks, and you?	Muy bien, gracias, y Vd.?
I am not well	No estoy bien.
I am very sorry	Lo siento mucho.
How did you pass the night?	¿Cómo pasó la noche?
I slept very well	Hé dormido muy bien.
I am glad to know it	Me alegro saberlo.
Howd'y'do?	¿Qué tal?
Same as usual	Sin novedad.
Welcome!	¡ Bien venido!
Say! Halloa!	¡ Oye! ¡ Oiga!
Hello, friend. Howd'y	¡ Ola amigo! ¿Qué tal?
How are you?	¿Cómo le va?
How's business?	¿Como van los negocios.?
What's the news?	¿Qué hay de nuevo?
Nothing special	Nada de particular.
Shake hands!	Déme un apretón de manos.
Give me a kiss!	Déme un beso.
Embrace me!	Déme un abrazo.

HOTEL (HOTEL)

Inn	Posada.	Soap	Jabón.
Boarding house	Casa de huéspedes.	Bath	Baño.
Cafes, restaurants	Cafés, restaurants.	Smoking-room	Cuarto de fumar.
House	Casa.	My bedroom	Mi recamara.
I want a front room	Yo deseo un cuarto al frente.	Candles	Velas.
		Towels	Toallas.
A back room	Un cuarto al fondo.	Ladies' toilet room	El Reservado de señoras.
A lower room	Un cuarto bajo.		
On the lower floor	En el piso bajo.	Men's toilet room	El Reservado de hombres.
On the upper floor	En el piso alto.		
Office	Oficina.	Parlor	Sala.
Elevator	Ascensor. Elevador.	Kitchen	Cocina.
		Court or yard	Patio.
Guest	Huésped.	Dining-room	Comedor.
Landlord	Patrón.	Stairway	Escalera.
Landlady	Patrona.	Lock	Cerradura.
Office clerk	Empleado de la oficina.	Key	Llave.
		Wall	Pared.
Man servant	El mozo; criado.	Ceiling	Cielo raso.
Maid	Criada.	Roof	Techo—la azotea.
Ice water	Agua con hielo.	A corner of the room	Un rincón del cuarto.
Hot water	Agua caliente.	Ink	Tinta.
Come here	¡ Oiga mozo!	Pen	Pluma.
(to waiter)		Writing paper	Papel de escribir.
Please show me where is—	Favor de indicarme donde está—	Laundry list	Lista del lavado.
		Matches	Fósforos—cerillos.
The bath room	Cuarto de baño.		

KIDNEYS (RIÑONES)

Sauté (French word used)	Sauté (lightly fried).
Plain or broiled	Natural ó asado.
Brochette	Brochesta.
Sauté with truffles	Sauté con trufas.

LADIES' APPAREL (ROPA DE SEÑORA)

Apron	Delantal.	Underwear (panties)	Calzoncillos.
Bonnet (hat)	Señora (sombrero).	Dress	Vestido de mujer.
Bodice	Corpiño.	Dressing gown	Peinador.
Boots for ladies	Botines.	Morning gown	Bata de mañana.
Chemise	Camisón.	Ladies' jacket	Chaquetilla.
Cloak	Capa.	Night dress	Bata de dormir.
Fan	Abanico.	Skirts	Enaguas.
Jewelry	Alhajas.	Underwear	Ropa interior.
Corset	Corsé.	Veil	Velo.

LADIES (SEÑORAS)

Chemises	Camisones (Night shirts).
Under vests	Camisetas.
Petticoats, plain	Sayas lisas.
Ladies' drawers (panties)	Pantalones de señora.
Underskirts, plain	Enaguas lisas.
Corset covers (cubre corsets)	Trajecitos.
Napkins	Paños o Toallitas.
Linen jackets (shirt waists)	Chambras.
Morning sacques	Peinadores.
Dresses	Vestidos.
Trimmings or flounces	Vuelos.
House dresses	Batas.
Pillowcases	Fundas de almohadas.
Sheets	Sábanas.
Towels	Toallas.
Counterpanes	Cobertores.
Table napkins	Servilletas.
Linen ties	Vendas.

For clothing not mentioned in this list, a special rate will be made.
Para la ropa que no se expresa en esta lista, se estipulará un precio convencional.

LAUNDRY (LAVADO)

Shirts	Camisas.	Vests	Chalecos.
Fancy shirts	Camisas de color.	Undershirts	Camisetas.
Night shirts	Mamisas de noche.	Drawers	Calzoncillos.
Pants, white	Pantalones blancos.	Hose, socks, pair	Medias, calcetines, par.
Pants, colored	Pantalones de color.		
White coats	Sacos blancos.	Handkerchiefs	Pañuelos.
Colored coats	Sacos de color.	Collars	Cuellos.
Short sack coats	Sacos cortos.	Cuffs, per pair	Paños, el par.
Cashmere pants	Pantalones casimir.	Neckties	Corbatas.
Cashmere coats	Sacos de casimir.		

LEAVE-TAKING (DESPEDIRSE)

Good bye	!Adiós!
Au revoir	Hasta la vista.
Until soon!	Hasta pronto.
Until soon	Hasta luego.
See you later!	Hasta más tarde.
Well, I'll see you tomorrow	Pues, hasta mañana.
God be with you	¡Que vaya Vd. con Dios!
A very good night to you!	¡Que pase Vd. muy buena noche!
Much, good may it do you.	
(Said when leaving table)	Buen provecho.
By your leave (said when leaving room)	Con su permiso.
	Con el permiso de Vds.

MAN (HOMBRE)

woman	mujer.	uncle—aunt	tío—tía.
father	padre.	cousin	primo, prima.
mother	madre.	father-in-law	{ suegro. / padre político. }
my husband	{ mi marido. / mi esposo. }	mother-in-law	{ suegra. / madre política. }
my wife	{ mi señora. / mi esposa. }	step-father	padrasto.
son—daughter	hijo—hija.	step-mother	madrastra.
child	{ niño. / niña. }	brother-in-law	cuñado.
baby	nene, bebé.	sister-in-law	cuñada.
the little boy	el chiquito.	I, he, she	yo, él, ella.
girl	muchacha.	they	ellos, ellas.
young man	joven.	you (singular)	usted (written also Vd.).
brother	hermano.	you (plural)	ustedes (written also Uds.).
sister	hermana.		
relatives	parientes.		

MEALS (COMIDAS)

Early breakfast	Desayuno.	When do we dine?	¿A qué hora comemos?
Late breakfast	Almuerzo.	Is it dinner-time?	¿Es hora de comer?
Dinner	Comida.	Breakfast is ready	El almuerzo esta listo.
Supper	Cena.		
When do we breakfast?	¿A qué hora almorzamos?		

MEAT (CARNE)

Sausage	Chorizo or Salchicha.
Beefsteak	Filete or beefsteak.
Beef	Carne de res.
Boiled beef	Carne cocida.
Roast beef	Carne asada.
The roast	Asado.
Baked meat	Carne asada al horno.
Stewed meat	Carne guisada.
Broiled meat	Carne a la parrilla.
Well done	Muy cocida.
I want it rare	La quiero poco cocida a la inglesa
Overdone	Demasiado cocida.
Extremely rare	Casi cruda.
Fat—lean	Gorda—flaca.
Only a small piece	Un pedacito, no más.
Bacon	Tocino.
Ham	Jamón.
Lamb	Cordero.
Mutton	Carnero.
Pork	Cerdo.
Veal	Ternera.
We need more water	Necesitamos más agua.
Bring it as soon as possible	Tráigala lo más pronto posible
Hurry	Apúrese.

METALS (METALES)

copper	cobre.	silver	plata.
gold	oro.	steel	acero.
iron	hierro.	tin	estaño.
lime	cal.		

MISCELLANEOUS (VARIOS)

A suit of clothes	Un traje.	The pocket	El bolsillo.
Bracelets	Pulseras.		La faltriquera.
Braid	Trencilla.	The pocket book	El portamonedas.
Buttons	Botones.	The purse	La bolsa.
Cane	Bastón.	The ribbons	Las Cintas.
Cloth	El paño, la tela	The ring	Una sortija.
Clothes brush	Cepillo para el vestido.		Un anillo.
Comb	Peine.	The socks	Los calcetines.
Dress goods, cotton	Generos de algodón.	Souvenirs of Mexico	Recuerdos de Mexico.
Dress goods, linen	Géneros de hilo.	The stockings	Las medias.
Dress goods, silk	Sedas para vestidos.	The suspenders	Los tirantes.
Dress goods, wool	Géneros de lana.	The trousers	Los pantalones.
Hair brush	Cepillo para los cabellos.	The umbrella	El paraguas.
Lace	Encajes.	The underskirt	La camiesta.
Lace work	Pasamaneria.	The underwear	Ropa interior.
Necklace	Gargantilla.	The vest	El chaleco.
The parasol	El parasol.	The waterproof	El impermeable.

MONEY (MONEDA)

Mexican Money.			Diez centavos	.10
Un peso	$1.00		Cinco centavos	.05
Cincuenta centavos	.50			
Veinte centavos	.20			

MEN'S WEARING APPAREL (ROPA DE HOMBRE)

Boots	Botas.	Cuffs	Puños.
Cap	Cachucha.	Drawers	Calzoncillos.
Coat	Casaca (saco).	Frock coat	Frac.
Collars	Cuellos.		

MUSIC (MUSICA)

To play an instrument ——————————Tocar un instrumento.
To play a guitar ——————————————Tocar la guitarra.
To sing ——————————————————————Cantar.
Mandolin ————————————————————Mandolina.
Piano—violin ——————————————————Piano—violin.

NUMBERS (NÚMEROS)

One—two	Uno—dos.	700	Setecientos.
Three—four	Tres—cuatro.	800	Ochocietos.
Five—six	Cinco—seis.	900	Novecientos.
Seven—eight	Siete—ocho.	One thousand	Mil.
Nine—ten	Nueve—diez.	10,000	Diez mil.
Eleven—twelve	Once—doce.	100,000	Cien mil.
Thirteen	Trece.	One million	Un millón.
Fourteen	Catorce.	The year 1938	El año de mil novecientos treinta ocho.
Fifteen	Quince.		
Sixteen	Diez y seis.	First	Primero.
Seventeen	Diez y siete.	Second	Segundo.
Eighteen	Diez y ocho.	Third	Tercero.
Nineteen	Diez y nueve.	Fourth	Cuartro.
Twenty	Veinte.	Fifth	Quinto.
Twenty-one	Veinte y uno.	Sixth	Sexto.
Twenty-two	Viente y dos.	Seventh	Séptimo.
Thirty	Treinta.	Eighth	Octavo.
Forty	Cuarenta.	Ninth	Noveno.
Fifty	Cincuenta.	Tenth	Décimo.
Sixty	Sesenta.	Half	La mitad.
Seventy	Setenta.	One-third	Un tercio.
Eighty	Ochenta.	One-fouurth	La cuarta parte.
Ninety	Noventa.	One-fifth	La quinta parte.
One hundred	Cien.	A couple (pair)	Un par.
100 houses	Cien casas.	A dozen	Una docena.
$100	Cien pesos.	Fifteen	Quince.
200	Doscientos.	A score	Una veintena.
300	Trescientos.	A hundred	Un centenar or un ciento.
400	Cuatrocientos.		
500	Quinientos.	A thousand	Un millar.
600	Seiscientos.		

PERSONALITY (PERSONALIDAD)

a blonde	una rubia.	she is very graceful and pretty	es muy linda.
a brunette	una trigueña.	She is very congenial	es muy simpática.
fair complexion	tez blanca.	very bright, witty, funny	muy graciosa.
swarthy	moreno.	ugly, homely	feo, fea. (m and f).
beautiful	hermosa, bella.	he is very distinguished looking	es muy distinguido.
pretty	bonita.	you are very witty	tiene Vd. mucha gracia.
a very stylish woman	una mujer muy elegante.		
a good looking young man	un joven muy buen mozo.		
stylish (man)	gallardo.		
she is a beauty	es una hermosura.		

POLITE PHRASES (FRASES CORTESES)

I congratulate you ——————————————Le felicito á Vd.
A thousand thanks ——————————————Mil gracias.
Pardon me ————————————————————Perdóneme Vd.

POLITE PHRASES (Frases Corteses)—Continued

Excuse me	Dispénseme Vd.
Pardon my lateness	Disimule Vd. mi tardanza.
Remove your hat	Quítese Vd. el sombrero.
Keep your hat on	Quédese con el sombrero puesto, cúbrase.
Pass on, sir	Pase Vd. adelante, señor.
You pass, first, sir	Pase Vd. primero, señor.
Do me the favor (i.e., you pass first)	¡Hágame el favor!
I thank you very much for it	Se lo agradezco infinito.
I thank you	Doy á Vd. las gracias.
My best thanks	Mis más expresivas gracias.
You are quite welcome (i.e., do not thank me)	No hay de que, señor.
I am glad to see you, sir	Me alegro de verle, señor.
I am equally pleased	Igualmente.
Please do it	{ Sírvase hacerlo. / Favor de hacerlo.
Do you wish to do it?	¿Quiere Vd. hacerlo?

POST OFFICE (OFICINA DE CORREOS)

I wish to register this letter	Yo quiero certificar esta carta.
I want to buy two 5-cent stamps	Deseo comprar dos estampillas de á cinco centavos.
A postal card	Una tarjeta postal.
Please mail this letter	Sírvase echar esta carta en el correo.
In a mail box	En un buzón.
When does the mail go?	¿A qué hora se va el correo?
The postman	El cartero.
When does the next mail arrive from—?	¿Cuándo llega el proximo correo de——?
Blotting paper	Papel secante.
Envelopes	Sobres.
Ink	Tinta.
Inkwell	Tintero.
Pen	Pluma.
Penholder	Porta-plumas.
Pencil	Lápiz.
Letter paper	Papel de cartas.
Dear sir	Muy Sr. mío.
I am your truly	Soy de Vd. Atento Servidor.
Who kisses your hands	Q. B. S. M.
Telegraph office	Oficina de telégrafos.
Cable office	Oficina del cable.
How much does this telegram cost?	¿Cuánto importa este telegrama?
The telephone	El teléfono.

PROMENADES (PASEOS)

Let us go walking!	¡Vamos á pasear!
Will you accompany us?	¿Quiere Vd. acompañarnos?
Will you go with me?	¿Quiere Vd. ir conmigo?
Let us go afoot	Vamos á pié.
It would be better to go in a carriage	Sería mejor ir en coche.
I am very lazy about walking	Soy muy haragán para caminar á pié.
Do you wish to take a stroll with me?	¿Quiere Vd. dar una vuelta conmigo?
With much pleasure	Con mucho gusto.
I am at your orders	Estoy á sus órdenes.
Which way shall we go?	¿De qué lado iremos?
Let us go to the Chapultepec Park	Vamos a Chapultepec.
Let us go through the Garden	Atravesémos el Jardín.
Let us stop here awhile	Quedemos aquí un rato.
Let us go!	¡Vámos!
Let's go home	Volvamos á casa.
Let's go back	Regresemos.
I am tired already	Estoy cansado ya.
To the right—left	Al lado derecho—izquierdo.

PURCHASES (COMPRAS)

To go shopping	Ir a hacer compras.
To buy in the stores	Comprar en las tiendas.
How much is this worth?	¿Cuánto vale esto?
What do you ask for that?	¿Cuánto pide Vd. por eso?
I find it very dear	Lo encuentro muy caro.
How much is this?	¿Cuánto importa éste?
Is there not another cheaper one?	¿No hay otro más barato?
Can't you make it less?	¿No puede rebajarlo?
What is the bottom price?	¿Cuál es el último precio?
You ask too much	Vd. pide demasiado.
I won't pay so much	No pago tanto.
It is too dear	Es demasiado caro.
The price is very high	El precio es muy alto.
I do not like to haggle over prices	No me gusta regatear.
Haven't you something better?	¿No tiene Vd. algo mejor?
It is very cheap	Es muy barato.
It is a bargain	Es una ganga.
It is a very low price	Es un precio muy bajo.
Very moderate	Muy módico.
Very reasonable	Muy equitativo.
C. O. D.	Cóbrese al entregar.
Payment cash	Pago al contado.
Payment on time	Pago á plazo.
Payment in advance	Pago adelantado.
Now, tell me what I owe you	Ahora, dígame Vd. cuanto le debo.
The whole comes to $20.00	El todo asciende á viente pesos.
It makes in all 80 cents	Hace en todo ochenta centavos.
Are you not mistaken?	¿No se equivoca Vd.?
The account is right	La cuenta está exacta.
Here is the bill	Aquí está la cuenta.
How much is this cloth per yard?	¿Cuánto vale el metro de este paño?
The inch	La pulgada.
The foot	El pié.
Kilogram (2 1/5 lbs.)	El kilogramo (kilo).
Metre (3 ft. 3⅜ in.)	El metro.
A silver coin	Una moneda de plata.
Paper money	Papel moneda.
Currency	Moneda.
American bank note	Billete de banco americano.
A draft on London	Una letra de cambio sobre Londres.
Loose change	Moneda suelta.
Keep the change	Quédese con el vuelto.

RAILROAD (FERROCARRIL)

Depot	Estación (paradero).
Way station	Un apeadero.
Platform	El andén.
Waiting-room	Salón de espera.
Ticket	Boleto.
Ticket office	Oficina de boletos.
Round-trip ticket	Boleto de ida y vuelta.
First-class ticket to Mexico City	Boleto de primera hasta la Ciudad de Mexico. Redondo Mexico.
Return ticket	Boleto de regreso.
One-day ticket	Boleto para día fijo.
Excursion ticket	Boleto de excursión.
First-class passage	Pasaje de primera clase.
Second-class passage	Pasaje de segunda.
Third-class passage	Pasaje de tercera.
Pass	Pasaje libre—pase.
To reserve a berth in the sleeper	Reservar un sitio en coche dormitorio.
Parlor car	Coche salón.
Express train	Tren expreso.
Fast train	Tren rápido.

RAILROAD (FERROCARRIL)—Continued

Slow train	Local.
What is the shortest route to ——?	¿Cuál es la vía más corta para ——?
When does the train start?	¿A qué hora sale el tren?
How much is it late?	¿Cuánto tiempo tiene de retardo?
Is it necessary to change cars anywhere?	¿Hay que cambiar de tren en alguna parte?
Where do we transfer to the other train?	¿En dónde se trasborda al otro tren?
Does the train stop for dinner anywhere?	Se detiene el tren en alguna estación para la comida?
Please give me a time-table	Hágame el favor de un itinerario.
What is the fare from Havana to Mexico City?	¿Cuánto importa el pasaje de la Habana á la Ciudad de Mexico?
The train north	El tren del Norte.
South—east—west	Sur—Este—Oeste.
East—West	Oriente—Poniente.

SEWING (COSTURA)

The sewing machine	La máquina de coser	The necktie	La corbata.
The needles	Las agujas.	The night shirt	La camisa de noche.
The pins	Los alfileres.	The overcoat	El sobretodo.
The spool of thread	El carrete de hilo.	The overshoes	Los zapaós de goma.
The scissors	Las tijeras.	(rubbers)	La camisa.
The thimble	El dedal.	The shirt	Los zapatos.
To sew	Coser.	The slippers	Las pantuflas.
The dress coat	La levita.	The slippers	Las chinelas.
Full dress	Vestido de etiqueta.	To mend a gown	Componer un vestido.
The gloves	Los guantes.	To darn	Zurcir.
The handkerchief	Un pañuelo.	To patch	Remendar.
The hat	El sombrero.	To clean	Limpiar.

SIGHT (VISTA)

near-sighted	miope.	spectacles	espejuelos.
far-sighted	présbita.	opera glass	gemelos.
eye glasses	lentes, anteojos.		

SHELL FISH (MARISCOS)

Crab	Cangrejo.	Oysters	Ostiones (ostras).
Clams (mussels)	Almejas.	Shrimps	Camarones.
Lobster	Langosta.	Soft-shell crabs	Jaibas.

SPEAKING SPANISH (HABLAR ESPANOL)

Do you speak Spanish?	¿Habla Vd. español?
Castilian Spanish	Castellano.
Yes, sir. No, sir.	Sí, señor. No, señor.
I can sometimes make myself understand almost everything	Puedo algunas veces entenderlo, casi todo.
Can sometimes make myself understood	A veces puedo hacerme entender.
I understand a little, but do not speak it.	Lo entiendo un poco, pero no lo hablo.
Very little	Muy poco.
Do you understand me?	¿Me comprende Vd.?
I understand you very well	Le entiendo muy bien.
Tell me—	Dígame Vd.—
What's the name of this in Spanish?	¿Cómo se llama esto en español?
What is that?	¿Qué es eso?
Do you understand?	¿Entiende Vd.?
I do not understand, sir	No entiendo, señor.
What is a "gato"? (cat)	¿Que cosa es "gato"?
Listen to me	Escúcheme.
What is the meaning of the word?	¿Qué quiere decir la palabra?
What do you say?	¿Qué dice Vd.?
What do you mean?	¿Qué quiere Vr., decir?
Will you be so kind as to repeat?	¿Quiere Vd., tener la bondad de repetir?
What do you wish?	¿Qué desea Vd.?
Please talk louder	Sírvase Vd. hablar mús alto.

SPEAKING SPANISH (HABLAR ESPANOL)—Continued

More slowly	Más despacio.
You speak it very well	Lo habla Vd. muy bien.
You say that out of courtesy	Lo dice Vd. por amabilidad.
No, sir, it is true	No señor, es cierto.
The language	El idioma.
An idiom of the language	Un modismo del idioma.

SOCIAL FUNCTIONS (TRATO SOCIAL)

Do you know Mr. So and So?	¿Conoce Vd. al Sr. Fulano de Tal?
I know him by sight	Le conozco de vista.
I know him by name	Le conozco de nombre.
I do not know him	No le conozco.
Do you know who that gentleman is?	¿Sabe Vd. quién es ese señor?
Will you introduce me to Mrs—?	¿Quiere Vd. presentarme á la Señora—?
I have the pleasure of introducing Mr.—	Tengo el gusto de presentarle al Sr.—.
At your feet, Madame	A los piés de Vd., Señora.
Pleased to know you, sir	Mucho gusto en conocerle, señor.
Your servant, sir!	¡Servidor de Vd., señor!
May I offer you my arm?	¿Puedo yo ofrecerle, mi brazo?
You are very kind, sir!	Es Vd. muy amable, caballero.
Take a seat, sir	Siéntese Vd., señor.
Come nearer	Acérquese Vd.
Give the lady a seat	Dé Vd. una silla á la señora.
I cannot stay	No puedo quedarme.
Do not go so soon	No se vaya Vd. tan pronto.
I have a great deal to do	Tengo mucho que hacer.
I thank you for your visit	Agradezco á Vd. su visita.
A visiting card	Una tarjeta de visita.
What is your name?	¿Cómo se llama Vd.?
My name is So and So, your servant	Me llamo Fulano de Tal, servidor de Vd.
What is your surname?	¿Cuál es su apellido?
I hope I shall see you again soon	Espero que le volveré a ver a Vd. pronto.
I am infinitely pleased to make your acquaintance	Me alegro infinito conocerle.
Will you waltz with me, senorita?	¿Señorita, quiere Vd. bailar vals conmigo?
Will you do me the honor of dancing this quadrille with me?	¿Quiere Vd. hacerme el honor de bailar conmigo?
With much pleasure, sir	Con mucho gusto, caballero.
Certainly	Seguro.
Excuse me, sir, I do not waltz	Disimule Vd., caballero, no bailo el vals.
I am engaged, sir	Estoy comprometida, caballero.
	(Only for the dance.)
It is a large assembly	Es una gran reunión.
A ball	Un baile.
Masked ball	Baile de disfraz.
An evening party	Una tertulia.
The guests	Los convidados.
He is a good friend of mine	Es un buen amigo mío.
She is a friend of mine	Es una amiga mía.

SOUP, FISH, FOWL (SOPA, PESCADO, AVE)

Soup	Sopa.
	Caldo.
Fish	Pescado.
Chicken	Pollo.
Boiled fowl	Pollo cocido.
Roast fowl	Pollo asado.
Duck	Pato.
Goose	Ganso.
Turkey	Pavo.

STEWS (GUISADOS)

Calves' feet, Andalusian style	Patas ternera Andaluza.
Ragout of mutton	Ragout carnero.
Codfish, Biscayan style	Bacalao Vizcaina.

STEWS (GUISADOS)—Continued

Veal hash with egg	Picadillo ternera con huevo.
Veal with potatoes	Ternera con papas.
Rice with pork	Arroz con carne de puerco.
Veal, marine style	Ternera, a la marinera.
Spanish peas, Madrid style	Garbanzos a la Madrileña.
Kidneys, Italian style	Riñónes a la Italiana.
Tripe	Menudo.

STREET CAR (TRANVÍA)

The tramway	El tranvía.
The street railway	El ferrocarril urbano.
Let us take the street car	Tomémos, el tranvía.
Conductor, let me off at the corner of —— street	Conductor, déjeme bajar en la esquina de la calle ——.
Let me off at next corner	Déjeme bajar en la próxima esquina.
Please stop in front of the Cathedral	Favor de parar frente á la Catedral.

TABLE SERVICE (SERVICIO DE MESA)

Fork	Tenedor.	Napkin	Servilleta.
Knife	Cuchillo.		Enjuagatorio para
Spoon	Cuchara.	Finger bowl	dedos.
Small spoon	Cucharita.	Toothpicks	Palillos de dientes.
Plate	Plato.		Limpia dientes de
Cup	Taza.	Quill pick	pluma.
Saucer	Platito.	Corkscrew	Tirabuzón.
Glass	Vaso.	"Tip"	Propina.

THEATRE (TEATRO)

I would like to go to the Nacional Theater	Quisiera ir al teatro Nacional.
Vaudeville	Variedades.
Music Hall	Café cantante.
Circus	Circo.
A ticket	Un boleto.
Admission	Una entrada.
Return check	Contraseña.
Ticket office	Taquilla.
I wish a reserved seat	Deseo un asiento numerado.
Box	Palco.
Stage box	Palco de proscenio.
Orchestra box	Platea.
Orchestra chair	Luneta.
Stage	Las tablas (escena).
Curtain	Telón.
Usher	Ujier.
What are they playing tonight?	¿Qué pieza representan esta noche?
Which is the best theater?	¿Cuál es el mejor teatro?
Is there any other?	¿Hay otro?
Will you go with me?	¿Quiere Vd. acompañarme?
At my expense	Por cuenta mía.
The actress plays well	La actriz trabaja bien.
The role	El papel.

TIME (TIEMPO) See also "WATCH"

Year—month—day	Año—mes—día.
Today—yesterday	Hoy—ayer.
Day before yesterday	Ante ayer.
Tomorrow	Mañana.
Day after tomorrow	Pasado mañana.
Last evening	Anoche.
Night before last	Ante anoche.
Yesterday afternoon	Ayer por la tarde.
In the morning	Por la mañana.
At daybreak	Por la madrugada.

TIME (TIEMPO)—Continued

At vespers	A las vísperas.
In the night-time	De noche.
In the day-time	De día.
Spring	La primavera.
Summer	El verano (estio).
Autumn	El otoño.
Winter	El invierno.
January—February	Enero—Febrero.
March—April	Marzo—Abril.
May—June	Mayo—Junio.
July—August	Julio—Agosto.
September	Setiembre.
October	Octubre.
November	Noviembre.
December	Diciembre.
Sunday	Domingo.
Monday—Tuesday	Lúnes—Martes.
Wednesday	Miércoles.
Thursday	Júeves.
Friday	Viernes.
Saturday	Sábado.
New Year's Day	El día de año nuevo.
Feast Day	Día de fiesta.
Good Friday	Viérnes santo.
Holy Day	Día Santo.
Easter	Pascuas (de la Resurreoción). La navidad.
Christmas	Noche buena. Pascuas. (de la Resurrectión).
Christmas eve.	Noche buena.
What time is it?	¿Qué hora es?
Tell me what time it is	Dígame Vd. la hora que es.
It is one o'clock	Es la una.
It is past one	Es la una pasada.
A quarter past one	La una y cuarto.
Half past one	La una y media.
It is two o'clock	Son las dos.
It is on the stroke of four	Van á dar las cuatro.
It is very late, now	Ya es muy tarde.
It is not late	No es tarde.
It is very early	Es muy temprano.
I rise early	Yo me levanto temprano.
At what time do you retire?	¿A qué hora se acuesta Vd.?
I go to bed in good season	Yo me acuesto a buena hora.
Wake me at seven	Despiérteme á las siete.
Call me at 8 o'clock	Llameme á las ocho.
What is the day of the month?	¿A cuántos estamos del mes?
What day of the month is it?	¿Que día del mes es hoy?
It is the 4th	Estamos á cuatro.
It is the 4th of July	Es el día cuatro de Julio.
The 1st of March	El día primero de Marzo.
Tomorrow will be the 9th	Mañana será el nueve.
How old are you?	¿Qué edad tiene V.?
I am 30 years old	Tengo treinta años.
This week	Esta semana.
A week	Una semana.
A fortnight	Quince días.
A week from today	Hoy en ocho días.
Two weeks from today	Hoy en quince días.
Within a week	Dentro de ocho días.
It was two weeks ago yesterday	Hizo ayer quince días.
It will be a month tomorrow	Hará mañana un mes.
Have you been here long?	¿Hace mucho tiempo que Vd. está aquí?
For three years	Por tres años.

TIME (TIEMPO)—Continued

I came here two days ago	Yo vine acá hace de dos días.
I arrived three days ago	Yo llegué tres días ha.
I arrived last month	Yo llegué el mes pasado.
I shall leave some time next month	Me marcharé en el mes entrante.
I go there every Monday	Voy allá todos los Lúnes.
I am on the eve of my departure	Estoy en vísperas de marcharme.
You arrived just in time	Llegó Vd. muy á tiempo.
Next week	La semana entrante.
The present week	La semana corriente.
Last week	La semana pasada.
Three years ago	Hace tres años.
Ten days from now	De aquí á diez días.
Every hour	Cada hora.
Every three days	Cada tres días.
Every other day	Cada tercer días.
Three times	Tres veces.
Frequently	Muchas veces.
Seldom	Pocas veces.
Often	A menudo.
Often	A la mayor brevedad posible.
As soon as possible	Lo más pronto posible.
Right away	En seguída.

TOBACCO (TABACO)

Tobacco store	Tabaquería.
Cigar	Un tabaco (un puro).
Cigarette	Cigarro.
Chewing tobacco	Tabaco de mascar.
Smoking tobacco	Tabaco para fumar.
Mild—strong	Suave—fuerte.
Fine cut	Picadura.
Long cut	Tabaco en hebras.
Give me a light	Déme un cerillo.

TO BUY (COMPRAR)

What do you ask for it a yard?	¿Cuánto pide Vd. por metro?
It is worth five dollars	Vale cinco pesos.
Pray tell me your lowest price	Suplico á Vd. que me díga el último precio.
It is as I said	Es como yo digo.
It is too dear; I will give you four dollars	Es demasiado caro; le daré á Vd. solo cuarto pesos.
I cannot reduce a farthing	No puedo rabajar un centavo.
Give me my change	Déme Vd. mi cambio.
What does it cost?	¿Cuánto cuesta?
Five cents a pound	Cinco centavos por libra.
How much a dozen are your lemons?	¿A cómo la docena de sus limones?
Ten cents a dozen	Diez centavos, la docena.
Let me see if I have the change	Déjeme ver sí tengo cambio.
How much do you make us pay for the wine?	¿Cuánto nos hace Vd. pagar por el vino?
Fifty cents a bottle	Cincuenta centavos la botella.
How much do I pay for a berth?	¿Cuánto he de pagar por un camarote?
You need to pay one dollar and forty cents	Vd. necesita pagar dos pesos cuarenta centavos.
How much have I to pay to this driver, sir?	¿Cuánto tengo que pagar á este cochero, cáballero?
He demands two dollars an hour	El pide dos pesos por hora.

VEGETABLES (LEGUMBRES)

French peas	Chícharos.	Lyonnaise potatoes	Papas a la Lioness.
French kidney beans	Habas.	Dutch potatoes	Papas a la Holandesa.
Young haricot beans	Habichuelas.	White rice	Arroz blanco.
Artichokes	Alcachofas.	Onions	Cebollas.

VEGETABLES (LEGUMBRES)—Continued

Asparagus	Espáarragos.	Peas	Chícharos.
Black beans	Frijoles negros.	Spanish peas	Garbanzos.
String beans	Ejotes.		
Beets	Remolachas.	White potatoes	Papas.
Cabbage	Repollo—col.	Sweet potatoes	Camotes.
Celery	Apio.	Rice	Arroz.
Corn	Elote.	Salad	Ensalada.
Garlic	Ajo.	Turnip	Nabo.
Lettuce	Lechuga.	Olives	Aceitunas.

WORLD (MUNDO)

the air	el aire.	the river	el río.
the earth	la tierra.	the sea	el mar.
the fire	el fuego.	the sky	el cielo.
a fire (conflagra-tion)	un incendio.	a star	una estrella.
the island	la isla.	the sun	el sol.
the moon	la luna.	the water	el agua.
		the world	el mundo.

WATCH (RELOJ)

Watch	El reloj de bolsillo.
Clock	El reloj de pared.
To wind a watch	Dar cuerda á un reloj.
To set a watch	Poner un reloj en la hora.
To regulate a watch	Regular un reloj.
To repair a watch	Componer un reloj.
The watch runs well	El reloj va bien.
It runs slow	Retarda.
It runs fast	Adelanta.
It is too fast	Va adelantado.
It is too slow	Va atrasado.
Main spring	Cuerda.
Hair spring	El pelo.
Hands	Las manecillas.
Crystal	El vidrio del reloj.
Chain	La cadena.
Watch case	La caja del reloj.

WEATHER (TIEMPO)

How is the weather?	¿Qué tal tiempo hace?
It is fine weather	Hace buen tiempo.
It is bad weather	Hace mal tiempo.
It is very nasty weather	Hace un tiempo muy feo.
It is very dirty weather	Hace un tiempo muy sucio.
It is very close	Hace un tiempo pesado.
Very damp	Muy húmedo.
It is very hot	Hace mucho calor.
It is sunny	Hace sol.
It is cold	Hace frío.
There is a breeze stirring	Hace aire.
It is cool	Hace fresco.
It is very windy	Hay mucho viento.
I am very warm	Tengo mucho calor.
I am cold	Tengo frío.
It is very dusty	Hay mucho polvo.
It is very muddy	Hay mucho fango.
It is dark	Está oscuro.
It rains	Llueve.
It is raining	Está lloviendo.
It is going to rain	Va á llover.
It threatens rain	Amenaza lluvia.
Do you think there will be good weather?	¿Crée Vd. que hará buen tiempo?
The weather is very changeable	El tiempo es muy inconstante.
It is a beautiful night	Hace una noche hermosa.

ADDITIONAL USEFUL PHRASES

a bathroom	una sala de baño
above all	antes de todo
a bull fight	una corrida de toros
adieu, goodby	adiós
a few	unos cuantos
a little while ago	hace poco
allow me?	permítame presentarle a
alone	a solas
apropos, by the way, for the purpose	a propósito
are you ready?	¿está Ud. listo?
ask that gentleman	pregunte Ud. a aquél señor
as you wish	como Ud. quiera
at home, home	a casa
at how much do you sell this?	¿a cómo vende Ud. éste?
at once	en el acto
attention! look out!	¡ojo!
awake me at six o'clock	despiérteme a las seis
below, downstairs	Abajo
be quiet! hush!	¡cállese Ud.!
birthday	día de años (or) cumpleaños
bravo, fine!	¡bravo!
bring me	tráigame
bull ring	plaza de toros
by post	por el correo
by your leave	con el permiso de Ud.
can you fix it?	¿puede Ud. componerlo?
can you tell me?	¿puede Ud. decirme?
come here	venga acá
come in	entre Ud.
come in	pase Ud. (delante)
come this way	pase Ud. por acá

---

*The author is indebted to P. W. Harry and the Allyn and Bacon Publishing Company for permission to use many idiomatic expressions from a collection in "Anécdotas Españolas."

day after tomorrow	pasado mañana
do me the favor, please	hágame Ud. el favor
do not fail or cease to	no deje Ud. de
don't be afraid, don't worry	pierda Ud. cuidado
don't worry, rest easy	descuide Ud.
do you think so?	¿ lo cree Ud?
do you understand me?	¿ me entiende Ud.?
do you understand me?	¿ me comprende Ud.?
enough, that is sufficient	basta
everything is ready	todo está arreglado
excuse me, sir	dispénseme Ud., señor
for heaven's sake	por amor de Diós
from whom did you buy it?	¿ a quien lo compró Ud.?
get in (the car)	suba Ud.
gladly, with much pleasure	con mucho gusto
glad to know you	mucho gusto en conocerle
glad to meet you.	tanto gusto
good afternoon	buenas tardes
good, all right, enough	está bien
good! all right! fine!	¡ bueno!
good by, so long	hasta la vista
good day	buenos días
good night	buenas noches
go on, advance, approach	adelante
go straight ahead	vaya Ud. derecho
go straight ahead	siga Ud. derecho
halt!	¡ alto!
hasten! hurry!	apúrese Ud.
have the kindness to, please	tenga Ud. la bondad de
he has reached (or is past) twenty years	ha cumplido veinte años
how are you?	¿ cómo está Ud.?
how do you like it?	¿ Qué tal le gusta?
how do you like this?	¿ Qué tal le gusta a Ud. éste?
how do you say in Spanish . . ?	¿ cómo se dice en español . . ?
how long ago?	¿ desde hace cuánto tiempo?
how long have you been here?	¿ desde cuando está Ud. aquí?
how much does this cost?	¿ cuánto cuesta esto?
how much is the postage?	¿ cuánto es el porte?
how much is this worth?	¿ cuánto vale esto?

how old are you?	¿cuántos años tiene Ud.?
hurrah	¡viva!
I am going to bed	voy a acostarme
I don't remember his name	no me acuerdo de su nombre
I agree, all right	estoy de acuerdo
I acknowledge receipt of your letter	acuso recibo de su carta
I thank you	le agradezco a Ud.
I am glad to see you	me alegro de verle a Ud.
I am warm	tengo calor
I am tired	estoy cansado
I am going home	voy a casa
I am glad to meet you	celebro la ocasión de conocerle a Ud.
I have an engagement	tengo una cita
I don't think so	no lo creo
I should say so; of course	ya lo creo
I desire	me da la gana
I must pay him	debo pagarle
I have a headache	tengo dolor de cabeza
I fear I shall lose my way	temo extraviarme
I congratulate you on . .	le felicito a Ud. por
I desire to . .	tengo ganas de
I don't like that	eso no me gusta
I am hungry	tengo hambre
I am going to inquire about the price	voy a informarme del precio
I must buy a hat	necesito comprar un sombrero
I am very busy	estoy muy ocupado
I forgot	se me olvidó
I am in a hurry	tengo prisa
I am very sorry	lo siento mucho
I wish you a pleasant trip!	¡buen viaje!
if you please, if you like	si Ud. gusta
in case, on occasion	(por) si acaso
in the nick of time	a la hora
in the vicinity	en los alrededores
in ten minutes	dentro de diez minutos
in a little while, pretty soon	dentro de poco
in the morning	por la mañana

is this the street (or way) to . . ?	¿ se va por esta calle a . . ?
is this the road to . . ?	¿es éste el camino de . .?
is Mr. Jones at home?	¿ está en casa el señor Jones?
is it yours?	¿ es de Ud.?
is this the way to the museum?	¿ se va por aquí al museo?
it pleases me much, I like it	me agrada mucho
it is very becoming to you, it suits you	le cae a Ud. muy bien
it does not suit me	no me conviene
it is all the same	lo mismo da
it is out of order	está descompuesto
it is cold	hace frío
it is warm	hace calor
it is bad weather	hace mal tiempo
it is very windy	hace mucho viento
it is going to rain	va a llover
just imagine	figúrese Ud.
let me see	déjeme ver
let us follow this street	vamos por esta calle
let us go to some cafe (or other)	vamos a cualquier café
let us go to the museum	vamos mejor al museo
listen! hello! hear!	¡oiga!
look at this	mire Ud. esto
look! look here! say!	¡ mire Ud.!
letter paper	papel para escribir
make yourself at home	haga Ud. de cuenta que Ud. está en casa
my watch is slow	mi reloj atrasa
now and then	de cuando en cuando
on arriving at the station	al llegar a la estación
on horseback	a caballo
opposite	en frente
on the first or main floor	al primer piso
on the left side, on the left hand	a la izquierda
on the right hand or side	por la derecha
on the road to	por el camino de
pardon me for troubling you	perdone Ud. la molestia que le doy
pardon, pardon me	perdón
pass me the bread, please	páseme Ud. el pan, por favor
please	por favor

please, if you please	si me hace el favor
please repeat	repita Ud. por favor
please walk into the drawing room	sírvase Ud. pasar al salón
put out the light	apague Ud. la luz
return it to me	devuélvamelo
return quickly	vuelva Ud. pronto
room for rent	cuarto a alquilar
so long, good by	hasta luego
some one is knocking at the door	se llama a la puerta
Spanish is spoken here	aquí se habla español
stand up, get up	levántese Ud.
take a seat, sit down	tome Ud. asiento
take care! watch out! beware!	¡cuidado!
take (drive) us to Main Street, number 27	llévenos a la calle Mayor, número 27
that depends upon	eso depende de
that is not worth while	eso no vale la pena
this way, here	por aquí
that way, there	por acá
the following day	el día siguiente
the post office	la casa de correos
the rain is over, it has stopped raining	cesa de llover
there is no doubt	no hay duda
the train is starting	el tren se pone en marcha
the weather is fine	hace buen tiempo
this house will not hold so many people	no cabe tanta gente en esta casa
to go horseback riding	andar a caballo
to take a drive	andar en coche
to go on foot, walk	andar a pie
to shake hands	dar apretón (es) de mano
to go downstairs	bajar la escalera
to mail a letter	echar al correo una carta
to wind (watch)	dar cuerda
to shake hands	dar la mano
to return, start back	dar la vuelta
to take for granted	dar por supuesto
to pay a visit	dar una visita
to take a walk	dar un paseo

to cry out	dar voces
to take a nap in the afternoon	dormir la siesta
to mail (a letter)	echar al correo
to take a stroll	echar un paseo
to pack a trunk	hacer la maleta
to take a trip	hacer un viaje
to pay a visit	hacer una visita
to spend the time, pass away the time	pasar el tiempo
to set the table	poner la mesa
to travel in or through Mexico	viajar por México
to change trains	cambiar de tren
to catch a cold	tomar un catarro
to take care of, attend to	cuidar (se) de
to go shopping	ir de compras
today is the twelfth (of the month)	hoy estamos a doce
tomorrow is a holiday	mañana es fiesta
very well, good	muy bien
wait a moment	aguarde Ud. un poco
wait for me a moment	espéreme un momento
what day of the month is it?	¿A cómo estamos del mes?
what day of the month is it?	¿qué día del mes es?
what are you looking for?	¿qué busca Ud.?
what kind of fruit have you?	¿qué clase de frutas tiene Ud.?
what is the day of the month?	¿a cuántos estamos hoy?
what a quantity of flowers!	¡que de flores!
what time is it by your watch?	¿qué hora tiene Ud. en su reloj?
what is his address?	¿cuál es su dirección?
what sort of weather have we?	¿qué tiempo hace?
what about the tickets?	¿qué hay de los billetes?
what time is it?	¿qué hora es?
what a pity!	¡qué lástima!
what do you wish?	¿qué le ofrece a Ud.?
what is that good for?	¿para qué es bueno eso?
what do you prefer to do?	¿qué prefiere Ud. hacer?
what? what did you say?	¿mande Ud.?
what's the news?	¿qué hay de nuevo?
why not? of course, surely	¿cómo no?
you are right	Ud. tiene razón
you are very kind	es Ud. muy amable

you are welcome, don't mention it	no hay de que
yours truly (in a letter)	su seguro servidor (S. S. S.)

Los días de la Semana	Los Meses del Año
(The Days of the Week)	*(The Months of the Year)*

Monday	el lunes	*January*	enero
Tuesday	el martes	*February*	febrero
Wednesday	el miércoles	*March*	marzo
Thursday	el jueves	*April*	abril
Friday	el viernes	*May*	mayo
Saturday	el sábado	*June*	junio
Sunday	el domingo	*July*	julio
		August	agosto
Las Estaciones del Año		*September*	septiembre
(The Seasons of the Year)		*October*	octubre
spring	la primavera	*November*	noviembre
summer	el verano	*December*	diciembre
autumn	el otoño		
winter	el invierno		

NOTE: In the following section of the book the student will find listed some of the most practical and useful expressions for use while traveling, while in a hotel or café, while on shipboard, at customs inspection, and in letter writing.

EL VIAJE
(Traveling)

Below the student will find the most common and useful expressions used about the railway station:

1. en la estación	*at the depot*
2. baúl	*trunk*
3. billete, boleto	*ticket*
4. cambiar de tren	*to change trains*
5. despacho de billetes, boletos	*ticket office*
6. despacho de equipajes	*baggage room*
7. facturar	*to check*
8. maleta	*valise, suitcase*
9. subir al tren	*to get on the train*
10. primera clase, segunda clase, tercera clase	*first class, second class, third class*

EN EL TREN
(On the Train)

1. ponerse en marcha — *to start*
2. ¿a qué hora sale el tren para México? — *When does the train leave for Mexico?*
3. ¿Cuánto vale? — *How much?*
4. Ponga Ud. las maletas en la red — *put the suitcases in the net*
5. ¿Tendré que cambiar de tren? — *Shall I have to change trains?*
6. ¿En qué punto? — *Where? At what place?*
7. ¿En cuánto tiempo llegaremos? — *When do we arrive?*
8. ¿Cuánto tiempo hay de parada aquí? — *How long do we stop here?*
9. Yo voy a bajar — *I am going to get out, off*
10. ¿Cuánto tiempo tardará el tren en partir? — *How soon will the train leave?*

EN EL HOTEL
(In the Hotel)

1. agua caliente — *hot water*
2. agua fría — *cold water*
3. baño — *bath*
4. cama — *bed*
5. comedor — *dining room*
6. cuenta — *bill*
7. precio — *price*
8. subir — *to go upstairs*
9. al hotel — *to the hotel*
10. ¿Tiene Ud. un cuarto libre? — *Do you have an unengaged room?*
11. ¿Cuánto vale al día? — *How much is it a day?*
12. ¿Eso comprende todo? — *Does that include everything?*
13. Quiero un cuarto con baño — *I want a room with bath*
14. muy bien, tomo este cuarto — *All right, I'll take this room*
15. ¿A qué hora se come? — *At what hour are the meals served?*

EN EL CAFÉ—RESTAURANTE
(In the Café—Restaurant)

1. almuerzo, desayuno — *breakfast*
2. pan — *bread*
3. fruta — *fruit*
4. café — *coffee*
5. comida — *dinner, a meal*
6. carne — *meat*
7. legumbres — *vegetables*
8. beber — *to drink*
9. cerveza — *beer*
10. vino — *wine*
11. chocolate — *chocolate*
12. ensalada — *salad*
13. leche — *milk*
14. mantequilla — *butter*
15. pescado — *fish*
16. servilleta — *napkin*
17. sopa, caldo — *soup*
18. tráigame — *bring me*
19. tráigame la cuenta, por favor — *bring me the bill, please*
20. ¿Cuánto es? — *How much is it?*
21. Pagar la cuenta — *to pay the bill*

EN EL VAPOR
(On Shipboard)

1. a bordo — *on board*
2. cámara — *cabin*
3. camarote — *stateroom*
4. cubierta — *deck*
5. mareo — *sea sickness*
6. ola — *wave*
7. tomar pasaje — *to take passage*
8. hace viento — *it is windy*
9. ¿Cuándo sale el vapor? — *When does the boat leave?*
10. Subamos a la cubierta — *let us go up on deck*
11. ¿Está Ud. listo? — *Are you ready?* ·
12. Todos los pasajeros deben desembarcar — *All passengers must disembark*

EN LA ADUANA
(At the Customs Inspection)

1. abrir	*to open*
2. baúl	*trunk*
3. declarar	*to declare*
4. libre de derechos	*free of duty*
5. pasaporte	*passport*
6. el registro	*inspection*
7. ¿ Tiene Ud. su pasaporte?	*Do you have your passport?*
8. ¿ Tiene Ud. algo que declarar?	*Have you anything to declare dutiable?*
9. Todos estos efectos son de mi uso personal	*All these things are my personal belongings*
10. ¿ Cuánto tendré que pagar?	*How much will I have to pay?*

LA CARTA
(The Letter)

1. Acuso recibo de su atenta carta	*I acknowledge receipt of your kind letter*
2. Estimado Señor y Amigo	*Esteemed Friend*
3. Muy señores míos	*My dear Sirs*
4. Quedo de Ud. atento y seguro servidor	*Yours very truly*
5. Soy todo de Ud.	*Yours truly*